LOUIS-FERDINAND CÉLINE

LES BEAUX DRAPS

LOUIS-FERDINAND CÉLINE

LES BEAUX DRAPS

Première édition 1941 - éditions Denoël, 19, rue Amélie, Paris.

Publié par
OMNIA VERITAS LTD

www.omnia-veritas.com

LES BEAUX DRAPS

À LA CORDE SANS PENDU

LOUIS-FERDINAND CÉLINE

Ça y est ! Il paraît que tout change qu'on est maintenant dans les façons, la Rédemption, les bonnes manières, la vraie vertu. Faudra surveiller son langage. Y a des décrets aussi pour ça. Je suis passé en Correctionnelle, faut pas que ça recommence ! Surtout ne dénommons personne ! Rien que des idées générales ! Madame de Broussol en a bien ! née Plumier ! Sardines à l'huile ! pudibondes ! pas à l'eau ! Pernod ! Ah ! Ah ! Je me comprends ! C'est l'astuce ! Parfaitement seul ! Je me donnerai pas ! Je mouille plus du tout, je m'hermétise, je suis bourrelé de mots secrets. Je m'occulte. Et encore tout à fait prudent ! Tout devient des plus épineux. Y a des censeurs, des délateurs dans tous les coins... Je sais plus où me mettre... Châtions, châtions nos expressions !...

La France est bourrique, c'est plein la Commandatur des personnes qui viennent dénoncer... Elles vont au Parquet ensuite... le lendemain elles retournent rue de Rivoli... Au nom de la Patrie toujours ! donner le copain, la copine... comme ça ne perdant pas une minute... Le Fiel est Roi ! Regardez la gueule du trèpe, c'est du long cauchemar en figures. C'est tout obscène par le visage. Parties honteuses remontées au jour. Châtions, châtions nos expressions ! Il n'est que temps Bordel de merde ! On se méfie jamais assez ! Restaurons le respect des chastes, le pleur des vierges, la bave des blèches. Ça va nous redonner la

Lorraine ! le Palatinat ! la Pologne ! que sais-je ? l'esprit invincible ! le triomphe ! la gloire de nos armées tordues ! l'esprit sacrifesse ! Ils vont remonter de la Lozère nos petits pioupious, de langue châtiée, avec la duchesse d'Israël, tous les ministres ex-les plus forts, la vraie anisette d'avant-guerre, tout ce qu'il y a de terrible « comme avant » !... Ils vont vous retourner tout le bastringue, bouter le Hanovre, puis Munster ! eccetera !... On jonctionnera avec les Russes ! On leur fera un Napoléon ! On ramènera le Kremlin en pots ! Tant mieux ! Tant mieux ! Bougre de Dieu ! Hourra pour nous ! pour la frite ! On déterrera le Charlemagne ! on le rapportera dans un taxi ! Il va nous sauver la vertu, la circonspection, le menuet !

Y en avait pas beaucoup de mon temps des discrétions d'approches et de forme... Bien sûr, ça marchait pas si fort. Nous ne dépassâmes pas Ostende. On peut dire merde et être vainqueur, on peut dire zut et se faire étendre. C'est ça l'atroce ! Y a des preuves et pas des menues. Moi j'ai fait la retraite comme bien d'autres, j'ai pourchassé l'Armée Française de Bezons jusqu'à La Rochelle, j'ai jamais pu la rattraper. Ce fut une course à l'échalote comme on en a pas vu souvent. Je suis parti de Courbevoie au poil, le 13 au matin. Je voulais tout voir ! Cinquième colonne ! Vous m'entendez ! Pris entre deux feux ! Entre les feux et les derrières pour être plus exact !

Je sais pas comment disent les décrets dans des cas semblables. Je suis parti avec des petites filles, je raconterai tout ça bien plus tard, à tête reposée, des « moins de dix jours » et leur grand'mère, dans une toute petite ambulance. J'ai bien protégé leur jeunesse au pire des plus affreux périls. (On dira tout ça sur ma tombe).

Croyez-moi si vous voulez, on pouvait pas aller plus vite, on a bien fait tout ce qu'on a pu, pour rattraper l'Armée

Française, des routes et des routes, des zigs zags, des traites en bolides, toujours elle nous a fait du poivre, jamais elle s'est fait rattraper, l'Armée Française. Y avait du vertige dans ses roues. Ô la retraite à moteur ! Oh ! la prudence priorisée ! Oh ! les gendarmes redevenus hommes ! à la grelottine sauve-qui-peut !

J'ai vu des tanks de 40 tonnes bousculer nos orphelins, nous bazarder dans les colzas pour foncer plus vite au couvert, la foire au cul, orageante ferraille à panique. Charge aux pantoufles ! La tripotée 71 suivie de 40 ans de honte fut un fait d'armes munificient à côté de la dernière voltige. C'est pas des choses qui s'inventent. C'est pas de la vilaine perfidie. On était quinze millions pour voir. Y avait plus besoin de *Paris-Soir*. Il était déjà en Espagne, lui, qui prétendait tout le contraire ! Il nous avait abandonnés !... Que c'était tout cuit pour Berlin ! Quelle déconvenue ! Il était pas sincère sans doute. Pourtant on était libre alors... Oh ! ça recommencera jamais ! À présent c'est une autre époque ! Y a des bons usages, des sincères, de la vraie vertu, des tickets...

La tricherie est presque impossible, on rédempte et on se sent du Code. Je me sens renouveau rien qu'à me relire. J'ai dix ans.

Hé ! qu'as-tu fait de ton fusil ?
Il est resté au champ d'Honneur !

Ça devient curieux les soldats quand ça veut plus du tout mourir. Y a quelque chose qui se passe. L'entrain manque. Voyez ces jolis officiers emporter leur armoire à glace... déménager leur plus précieux bien... la petite amie... en torpédo priorisante... on les reverra pas de sitôt... le grand jour des décorations... Un jour de gloire comme les autres... La Terre tourne quand même nom de Dieu !... On nous refera ça au cinéma !... Les Champions du monde de la guerre !... On retournera ça tout autrement !... Vous savez la jolie nageuse qui reculbute sur son tremplin... rejaillit là-haut à l'envers... On refera ça pour l'Armée Française... De Saint-Jean-Pied-de-Port à Narvick... Tout à l'envers... Et ça se passera parfaitement ! Et tout le monde sera bien content. Les vaincus seront de l'autre côté... C'est tout ce qu'on demande... c'est déjà fait !...

— Vous avez pas vu un petit peu... tous les prisonniers qu'on promène ?... qui passent en camion ?...
— De la viande ! Je vous dis ! Des malheureux ! Du bétail ! L'esprit est pour nous !... C'est le principal !

Regardez-moi ces Ritals... regardez-moi si ça se défend ! à Bardia et puis ailleurs... en plein désert... coupés de tout... contre 200 000 enragés... blockhaus par blockhaus... 25 jours... Je vous demande franchement... Qui dit mieux ? Ils auront peut-être des revers mais faudra drôlement qu'ils se hâtent pour nous surclasser en pétoche... Faudrait qu'ils retraitent depuis Modane jusqu'au Tibre et bien au-delà, faudrait qu'ils arrivent en Sicile à 60 à l'heure, exorbités de panique avec quinze millions de vieillards, femmes, enfants aux trousses, en une foire encore jamais vue, les couches-culottes trempées à tordre de jactance fondue.

C'est pas encore pour demain !... On peut dormir sur nos lauriers !... On est pénards dans un sens.

C'est drôle à présent c'est la mode d'accabler en tout les civils, c'est les puants, c'est les galeux, c'est eux les infects responsables, les lâches charognards de débâcle. C'est eux, c'est eux, c'est rien que leur pied. Qu'ils s'expliquent un peu ! qu'ils se disculpent ! Pourquoi ils ont eu peur comme ça ?... Pourquoi ils furent pas héroïque ?...

Faudrait peut-être d'abord s'entendre... Qui c'est qui doit défendre la France ? les civils ou les militaires ? Les tanks 20 tonnes ou les vieillards ? Les tordus, les gnières en bas âges, les lardons morveux, les prudents affectés spéciaux, ou les régiments mitrailleurs ? Ah ! C'est pas bien net dans les propos... On arrive pas à bien comprendre. Y a de la confusion, de l'équivoque, on dit pas toute la vérité...

Elle coûtait cher l'Armée Française, 400 milliards pour se sauver, 8 mois de belotes, un mois de déroute... Des impôts en n'en plus finir... Ils ont eu raison les civils de se tailler par tous les moyens. Ils ne voulaient pas mourir non plus. Ils avaient rien à faire en ligne qu'à encombrer les batailles, si bataille il y avait eu... C'était aux militaires d'y être, de ralentir l'envahisseur, de rester mourir là, sur place, la poitrine cambrée face aux Huns, et pas le derrière en escampette. Si ils avaient été moins vite, y aurait eu moins d'embouteillage. On peut comprendre ces choses-là sans passer par l'École de Guerre. L'Armée qui fuit c'est pas convenable, ça propage des vents de panique. De Meuse à Loire c'était qu'un pouet, une foire unanime. Qui qu'a fait la plus grosse diarrhée ? les civils ou les militaires ? C'est pas une raison de pavoiser, d'afficher des souverains mépris, Scipion merde-au-cul-s'en-va-juge ? C'est tout le monde qu'a été malade, malade de bidon, de la jactance, malade de la peur de mourir. Les partout monuments aux morts on fait beaucoup de tort à la guerre. Tout un pays devenu cabot, jocrisses-paysans, tartufes-tanks, qui voulait pas mourir en scène. Au flan oui ! pour reluire ? présent ! Exécuter ?... ! Maldonne !...

Toutes les danseuses qui ratent leurs danses prétendent que c'est leur tutu. Tous les militaires qui flageolent gueulent partout qu'ils sont trop trahis. C'est le cœur qui trahit là de même, c'est jamais que lui qui trahit l'homme. Ils voulaient bien tous jouer la pièce, passer sous les Arcs de Brandebourg, se faire porter dans les Triomphes, couper les bacchantes du vilain, mais pas crever pour la Nation. Ils la connaissent bien la Nation. C'est tout du fumier et consorts. C'est tout des ennemis personnels ! Pardon alors et l'après-guerre ? Qui va en jouir si ce n'est pas nous ? Les canailles démerdes ! Y a que les cons qui clabent ! L'après-guerre c'est le moment le meilleur ! Tout le monde veut en être ! Personne veut du sacrifice. Tout le monde veut du bénéfice. Nougat cent pour cent. Bien sûr y a eu des morts quand même ! des vraies victimes de l'imprudence. C'est rien à côté des millions, des absolus martyrs de l'autre, les calanchés du cœur nature, ceux de 14 à 18. Merde ! On peut dire qu'on les a eus ! Même les carcans de la foutue cerise qu'on peut regretter, honteux de tout, 800 000 qu'on en a butés.

En somme ça va pas brillamment... Nous voici en draps fort douteux... pourtant c'est pas faute d'optimisme... on en a eu de rudes bâfrées, des avalanches, des vrais cyclones, et les optimistes les meilleurs, tonitruant à toute radio, extatiques en presse, roucouladiers en chansons, foudroyants en Correctionnelle.

Si c'était par la force des mots on serait sûrement Rois du Monde. Personne pourrait nous surpasser question de gueule et d'assurance. Champions du monde en forfanterie, ahuris de publicité, de fatuité stupéfiante, Hercules aux jactances.

Pour le solide : la Maginot ! le Répondant : le Génie de la Race ! Cocorico ! Cocorico ! Le vin flamboye ! On est pas saouls mais on est sûrs ! En file par quatre ! Et que ça recommence !

Tout de même y a une grosse différence entre 14 et aujourd'hui. L'homme il était encore nature, à présent c'est un tout retors. Le troufion à moustagache il y allait « comptant bon argent » maintenant il est roué comme potence, rusé pitre et sournois et vache, il bluffe, il envoye des défis, il emmerde la terre, il installe, mais pour raquer il est plus là. Il a plus l'âme en face des trous. C'est un ventriloque, c'est du vent. C'est un escroc comme tout le monde. Il est crapule et de naissance, c'est le tartufe prolétarien, la plus pire espèce dégueulasse, le fruit de la civilisation. Il joue le pauvre damné, il l'est plus, il est putain et meneur, donneur fainéant, hypocrite. Le frère suçon du bourgeois. Il se goure de toutes les arnaques, on lui a fait la théorie, il sait pas encore les détails, mais il sait que tout est pourri, qu'il a pas besoin de se tâter, qu'il sera jamais assez canaille pour damer là-dessus le dirigeant, qu'il aura toujours du retard pour se farcir après tant d'autres. C'est de l'opportunisme de voyou, du « tout prendre » et plus rien donner. L'anarchisme à la petite semaine. C'est de la bonne friponnerie moyenne, celle qu'envoye les autres à la guerre, qui fait reculer les bataillons, qui fait du nombril le centre du monde, la retraite des vieux une rigolade, l'ypérite pour tous un bienfait.

Au nom de quoi il se ferait buter le soldat des batailles ? Il veut bien faire le Jacques encore, il a du goût pour la scène, les bravos du cirque, comme tous les dégénérés, mais pour mourir, alors pardon ! il se refuse absolument ! C'est pas dans le contrat d'affranchi. Monsieur se barre à vitesse folle. Que le théâtre brûle il s'en balotte ! C'est pas son business !

Et puis d'abord c'est général, les chefs veulent pas mourir non plus. Vous remarquerez que les grands despotes, les présidents, les forts ténors, les rois, les princesses, tout ça se déhotte, fonce au couvert, dès que l'aventure tourne aigre, vacille... Foudres d'escampette. Pas un qui paye de sa personne. Sauver la viande c'est le suprême serre. Pendant les plus farouches exhortes, pendant qu'ils affolent au massacre, ils quittent pas leur « Shell » du regard. C'est leur vraie Madone !

Pas si cul de se faire étendre !

De la promesse ! du microphone ! c'est dans le bon jeu ! Tout ce qu'on voudra ! du parfait texte ! Tant que ça pourra ! Pour eux aussi tout est théâtre... Ça fait une fringante ribambelle du Ras Tafari à Reynaud... Combien qui se sont trouvés pâlots sur le moment de payer la note ? Comptez un peu sur vos petits doigts. Et sans doute que c'est pas fini.

Le spectacle est permanent... Qui voulez-vous croire ? Quel tréteau ?

Regardez un petit peu chez nous si Reynaud nous avait causé de la façon belle et suivante :

« Nous vaincrons ! chers patriotes, j'en suis foutrement convaincu ! parce que nous sommes-nous les plus forts ! Tambour ! Tambour ! Bordel sang ! J'en suis tellement persuadé que je reste avec vous, mes amours ! On la défendra la terre France ! Avec tous nos os s'il le faut ! La plus merveilleuse, la plus chouette, la plus eccetéra et tout ! Pas un branquignol qui flageole ! C'est vaincre ou mourir ! On s'embrasse ! On embraye tel quel ! Et c'est entendu ! C'est moi le patron ! C'est moi l'exemple ! Du sang d'Achille ! Brasier des cœurs ! Ralliez-vous à mon microphone ! Si un recule vingt centimètres de la Somme au Rhin je me brûle la pipette ! Illico ! Ici même à mon Louis XIV ! Je survis pas à la honte ! Je me bute au bureau ! Vous entendez tous, nom de Dieu ! Vous repasserez tous sur mon cadavre !... C'est plus la peine d'exister dans une France de soldats pourris !... De chiens croulés ! foireux ! immondes ! partout sous les jupes !... J'en veux plus ! J'ai dit ! Moi le ministre de la guerre ! Et pour une fois c'est pas du pour de rire ! Sonnez clairons ! Roulez « tambours ! »

Ça ça en serait des Épinals ! Des fresques à reboumer l'Héroïsme ! On serait heureux dans les Manuels !...

Hélas c'est plus ainsi qu'on cause quand on est de Croisade aujourd'hui !

"Shell and Safety !"... and "Safety first !"

« C'est le mensonge qui nous fit tant de mal ! »

Ô Sophie ! Ce crime ! Ils en ont tous vécu les tantes ! prospérés ! engraissés, bouffis ! reluis à l'extase ! C'est à présent qu'ils se dégoûtent ? Mais ils peuvent pas vivre d'autre chose ! Ils sont foutrement incapables de vendre autre chose que du puant ! leurs lecteurs en voudraient jamais ! Le goût est fait !

De quelles volées d'étrivières faudra-t-il labourer ces chiens pour les guérir des gognos juifs ? pour les redresser à la hauteur d'homme ? À leur affaire qu'au fond des boîtes ! Fouinant, rampants unanimes ! Je veux parler des journaux et des lecteurs et des romans, des radios, du reste. Tout pourri juif et contre youtre, charlatans, canailles et consorts, à la grande curée du cheptel, chiens maçons et lopes associés. Tartufes paysans à triangles, tartufes notaires, grands auteurs.

Mains dans les mains, échanges académiques de merdes, stylisées. Brossage des tatanes en tous genres. « Qui fit une fois les chaussures fera toujours les chaussures. » Que surviennent demain les Tartares, les Valaques, les Ostrogoth, qu'importe le poil, les pointures, les valets seront toujours là ! Y aura qu'à siffler qu'ils accourent avec leur petit matériel :

Adjectifs, raisons en tous genres, brios dialectiques et crachats.

Tout ce qui ne ment pas est honni, traqué, chassé, vomis de haut, haï à mort. C'est le grand secret que l'on cache comment l'on pourrit jour par jour, de plus en plus ingénieusement.

Je vous le dis bande de bâtards, vous êtes plus bons qu'à l'enfer ! Chiures de mensonges ! Critiques d'art ! et ça commence un tout petit peu ! C'est ma gentille consolation. Vous aurez pas besoin de tickets ! Y aura de la torture pour tout le monde ! juifs et larbins ! laboureurs traîtres ! aryens félons ! bicots à lèpre ! tordus mondains ! tous dans le même tas ! la même charogne ! à petit feu !... à grands volcans ! à trombes de vérité ! glaciales à tout pulvériser... à menus linceuls... poudres pâles... souffle de rien...

En somme la guerre continue, on la fait désormais sans risques, sans armes ni bagages, y en a plus, dans le fond des cinémas... Sur la Meuse y avait plus personne mais au « Tarapout » c'est complet. La guerre des loufes. Ça vesse dans le noir. Ça papillone aux pissotières. C'est suffisant. Héroïsme français cent pour cent. Courage de voyous, de métis, courage de juifs, qui ont plus rien dans le tronc que des fiels, du profit retourné, des rages vaseuses de gonzesses. Qui paye finalement, je vous demande, ces foireuses esclandres ? Les prisonniers tiens c'est fatal ! De ça alors le petit Français s'en fout, pourvu qu'il joue sa comédie. « Le petit cresson, le petit duraille, le petit os terrible client. »

— Dis donc ! Dis donc ! Dis donc ! Hortense ! Ah ! dis donc ! si t'avais vu ça !...
— Quoi donc ? Quoi donc ? mon petit Mimile ?
— Sur le boulevard Magenta !...
— Alors ?... Alors ?...
— Dis donc, un Fritz !
— Ah ! Qui qui nous en débarrassera !...
— Je passe derrière... Dis donc que j'y fais : Vive de Gaulle ! Grosse vache ! Vive de Gaulle !
— Ça alors, dis donc Mimile ! T'es pirate et tout, je veux ! mais alors là, pardon quand même...
— Je les emmerde je te dis ! Je les emmerde !...
— Mimile tu me fais peur !...

Pourquoi ils se gêneraient les Anglais ? Ils auraient bien tort ! Les Français ils sont tout consentants, ils sont enthousiastes d'être battus, écrabouillés, dépecés vifs... Ça leur fait plaisir... Dakar... Dunkerque... Libreville... Mers-el-Kebir... Fouilly-les-Oies !... Ils peuvent bien prendre tout ce qu'ils veulent ! Vivent les Grandes Banques ! Et vive le Roi ! Les Antilles !... les Indes !... Mendoza !... Pays femelle vénère raclée... l'amour bien cruel... couler toute la flotte française !... On leur fait cadeau !... les Canaries... la Pucelle... Terre-Neuve... Canada !... Ils veulent pas de la Corse ?... Mais voyons !... Ça n'a vraiment pas d'importance !... Pas de géographie !... de la jouissance !... Napoléon ! Fachoda !...

Il suffit que ça leur fasse plaisir ! On se trouve vengés dans notre honneur ! Vive la Reine ! Vive Madame Simpson ! abolir nos cathédrales !... Vive Dieu l'Anglais !... Nous envoyer les choléras, le bouton d'Alep, la fièvre aphteuse, le chancre mou ! Ça nous vengera bien notre honneur !... pourvu que ça emmerde les Allemands !... On souffrira tout ! Ah ! on reluira tant et plus !... C'est du dépit féminin, ça se raisonne plus !... C'est érotique... Si ils voulaient nous bombarder ! c'est ça qui nous ferait bien jouir. Oh ! l'extase alors ! cette transe ! On serait tout heureux comme à Londres !... On irait faire nos queues en cave... C'est ça qui nous vengerait l'Honneur !... Et si ils nous mettait les gaz ?... Du coup alors on se tiendrait plus ! Quelles folles délices ! Quelle jubilation jusqu'aux anges ! C'est là vraiment qu'ils nous aimeraient !... C'est ça qu'emmerderait les Allemands !... On leur ferait des trous dans leurs masques... Ils sauraient pas ce qui leur arrive !... Oh, alors ! alors ça pardon !

Ça serait pas la moitié d'un sport !... On rigolerait de jour et nuit !...

On serait morts pour la Chambre des Lords de rire sous les gaz hilarants !... C'est autre chose que des Colonies.

Il n'est de bosco ni tordu
Qui n'ait un peu le diable au cul
(Dicton)

Washington aimait pas les juifs, mais Roosevelt lui il les aime bien, il est leur homme cent pour cent, il a rien à leur refuser. Il entraîne tout dans la guerre, l'U.S.A., le Continent, la Lune.

Il s'en fout énormément, il jouit, il est d'âge, il s'amuse. Après moi le déluge ! C'est du Louis XV. Ce sera pas long. Je donne pas 20 ans à Broadway que les chèvres y paissent. Vous allez voir cette musique !... Ils se doutent pas les Français comme ça se présente l'Amérique. Ils se font des illusions. 40 millions de blancs bien ivrognes, sous commandement juif, parfaitement dégénérés, d'âme tout au moins, effroyables, et puis 300 millions de métis, en grande partie négroïdes, qui ne demandent qu'à tout abolir. Plus la haine des Jaunes !

On n'a qu'un tout petit peu ouvrir les portes de la Catastrophe vous allez voir cette Corrida ! C'est Carthage en beaucoup plus brute, plus arrogant, plus pourri. Ce genre d'anarchie éperdue ! Le monde sauvé par les frères Marx ! Nous sommes aux dessins animés ! Y aurait de quoi rire en d'autres temps ! Mais comme on se trouve y a de quoi se la mordre ! aux étoiles ! 36 ! 48 ! Toute la boutique ! démocratons ! 36 chandelles !

Félix-le-Canard avec nous !

La population blanche en régression aux États-Unis

New-York, le 1ᵉʳ février.

Il résulte d'une étude du bureau des statistiques américain qu'entre 1939 et 1940 les tendances du peuplement des États-Unis se sont complètement bouleversées.

Le dernier recensement démontre que la population blanche de l'Amérique tend à diminuer de 5% tandis qu'au cours de la même période l'augmentation de la population a été de 7 % parmi les hommes de couleur.

les Nouveaux-Temps, 2 février 1941.

Il est prédit que dans cent ans les blancs habiteront à New-York un quartier réservé : les nègres iront voir au Nouvel-Harlem les « pâles » danser la polka.

Trêve d'Hypocrisie !

Les Français, ils rêvent Ministères... À quel Ministère ils rêvent ?

Président du conseil.	De Gaulle.
Guerre.	Reynaud.
Affaires Étrangères.	Eden Anthony.
Finances.	Personne.
Intérieur.	Mandel.
Marine.	n'importe quel juif.
Air.	le petit sou.
Justice.	Marchandeau.
Santé, Famille.	le sirop des Vosges Yéyé.
Voies et Transports.	Y en a plus.
de la Misère.	le Père Noël.
P.T.T.	Sainte-Odile.
Informations.	Geneviève Tabouis.

Quel est le plus grand politique que la France ait jamais connu depuis Louis XIV ?... Raymond Poincaré ! Celui-là, ils connaissaient nos droits. Il plaidait le dossier de la France l'un dans l'autre tous les huit jours. Avec lui ça périmait pas. Jamais il perdait notre cause, il gagnait toujours.

Si il était vivant ça se serait pas passé comme ça.

Comme c'est vilain les hypocrites ! Pourquoi ils disent les Français qu'ils ont pas voulu la guerre ? Ils l'ont bel et bien voulue. Ils ont tous été derrière Daladier au moment de la Déclaration, tout autant que derrière Clemenceau, et puis après derrière Mandel et puis encore derrière Reynaud et puis derrière n'importe qui !... Cocorico ! 800 000 affectés spéciaux ! Et tous les écrivains avec ! et tous les journalistes avec ! Voici la simple vérité.

Ils en voulaient pas de la guerre ? C'était bien simple, bien facile, ils avaient qu'à écrire une lettre chacun à leur député, qu'ils en voulaient pas de cette guerre, qu'ils en voulaient à aucun prix, sauf « casus belli » par l'Allemagne. Jamais on l'aurait déclarée.

Ça leur coûtait chacun un franc. C'était vraiment de la bonne dépense et de la bonne démocratie. Je crois qu'on l'a sentie venir cette guerre, qu'on a été des plus prévenus, cent fois, mille fois plus qu'en 14 ! en toute connaissance de la cause ! À l'heure actuelle on serait pépères, dans la bonne vie, heureux et tout. La connerie a été donc faite, sciemment, délibérément, par une bande de cons.

On aurait pas eu de prisonniers. On serait derrière notre belle armée, toujours redoutée, redoutable, derrière notre la

Maginot intacte, on attendrait de faire les arbitres, on serait les caïds de l'Europe, adulés, respectés, pelotés, tout.

Tous les Français sont de gaulistes [sic] à de rares loustiques exceptions. De Gaulle ! ils se pâment. Y a six mois ils entraient en crise quand on leur parlait des Anglais. Ils voulaient tous les refoutre à l'eau. Y en avait plus que pour Ferdonnet. À présent c'est tout pour Albion, par Albion, sous Albion... Qu'est-ce qu'on risque ? Au fond c'est plus qu'une bande de singes, des velléitaires jacassiers, des revendicateurs gâteux. Ils savent plus ce qu'ils veulent sauf se plaindre. Gueuler ! Et c'est marre ! Ça finit par tomber du ciel ! Revendiquez ! Nom de Dieu ! C'est la loi ! Le plus grand condé du monde ! La bonne jérémiade hébraïque comment qu'ils l'ont adoptée ! Vous voulez plus des Anglais ? Râlez !...

Vous voulez plus des patrons ? Râlez ! Vous voulez refaire la Pologne ? Râlez !

La Palestine ? Le Kamtchatka ? Le Bois de Boulogne et la Perse ? Râlez de plus en plus fort !

En voulez-vous des Pommes de Terre ? de la Lune et du Patchouli ? du triporteur ? de la langouste ? Vous cassez pas la tête... Râlez !

Pour finir la révolution faudrait qu'on leur offre le moulin, la petite crécelle à prières, et que c'est tout écrit dessus, les doléances en noir sur blanc, les espoirs, les exigences... comme au Congrès du Lama... Ils tourneraient ça tout en marchant, en processionnant pour que ça tombe... Chacun son petit moulin d'éternelle revendication... ça ferait un barouf effroyable, on pourrait plus penser qu'à eux...

« Je suis l'Homme conscient !... j'ai des droits !... j'ai des droits !... » Rrrrrrrr ! Rrrrrr !

Rrrrr !... « Je suis opprimé !... Je veux tout !... » Rrooouuuu !... RrOOOUUUU !...

Ça serait définitif tel quel... On serait apaisé dans un sens. On pourrait plus placer un mot. Le Rroooouuuu... éteindrait tout.

C'est la présence des Allemands qu'est insupportable. Ils sont bien polis, bien convenables. Ils se tiennent comme des boys-scouts. Pourtant on peut pas les piffer... Pourquoi je vous demande ? Ils ont humilié personne... Ils ont repoussé l'armée française qui ne demandait qu'à foutre le camp. Ah ! Si c'était une armée juive, alors comment qu'on l'adulerait !

Supposez une armée youpine, qui vienne mettons d'un peu plus loin... Y aurait rien de trop splendide pour elle ! Que des extases à plus finir ! C'est ça qui manque aux Français la férule du Juif, il veut plus en connaître une autre. Il veut en mourir et content, je vais vous dire comment tout à l'heure. Il est maudit, il est voué. Tout le reste c'est que des paroles.

Le bourgeois ce qui voit dans de Gaulle, c'est la « Royal Dutch », ses belles « Suez ». Il se dit voilà un homme placé aux sources de la Vie ! C'est le général de la Fortune ! Il nous remettra tout comme avant. Il nous foutra tout ça aux ordres ! On retouchera ses coupons ! On réaura son plein d'essence, on ressortira les dimanches, on reira aux gueuletons, on rira chier sous les bosquets dans la douceur des airs angevine, et ça sera l'orgueil qui remontera jusqu'aux cieux, de la belle odeur des toutes mieux nourries tripes au monde, chevalières aux Légions d'Honneur.

P arlons du fameux « rapprochement » tout de suite devenu un alibi, un bœuf magnifique pour les juifs et les francs-maçons.

Tous les autres sont éliminés, à quelques individus près, inoffensifs pauvres maniaques, dont moi-même, agitant marottes et pamphlets, mirlitons, grelots. Aux Youpins seuls les choses sérieuses.

*

* *

Parlons des enseignes « maisons juives ». Je connais des goyes qui l'arborent. Leur succès est éclatant. Leur chiffre d'affaires double ! triple ! Triomphe !

À nous les rutabagas ! les graisses de chevaux de bois ! les yeux ronds !

*

* *

Si l'on « rapprochait » vraiment il faudrait travailler ensemble, sans fraude, sans chichis, sous discipline, méthodiquement, recréer l'Europe.

*

* *

Finie la drôlerie anarchique, les alibis admirables, irréfutables, esbourriffants, magiques, merveilleux à tout sabouler, saloper, rien foutre : « L'occupation... les exactions... les cœurs meurtris... les justes colères... la mort dans l'âme, etc... »

Tartufe patriote c'est quelqu'un !

La présence des Allemands les vexe ?
Et la présence des juifs alors ?

Plus de juifs que jamais dans les rues, plus de juifs que jamais dans la presse, plus de juifs que jamais au Barreau, plus de juifs que jamais en Sorbonne, plus de juifs que jamais en Médecine, plus de juifs que jamais au Théâtre, à l'Opéra, au Français, dans l'industrie, dans les Banques. Paris, la France plus que jamais, livrés aux maçons et aux juifs plus insolents que jamais. Plus de Loges que jamais en coulisse, et plus actives que jamais. Tout ça plus décidé que jamais à ne jamais céder un pouce de ses Fermes, de ses Privilèges de traite des blancs par guerre et paix jusqu'au dernier soubresaut du dernier paumé d'indigène. Et les Français sont bien contents, parfaitement d'accord, enthousiastes.

Une telle connerie dépasse l'homme. Une hébétude si fantastique démasque un instinct de mort, une pesanteur au charnier, une perversion mutilante que rien ne saurait expliquer sinon que les temps sont venus, que le Diable nous appréhende, que le Destin s'accomplit.

Comment c'est fait l'opinion ? C'est bien simple, c'est fait à Paris. Un Parisien comment c'est fait ? C'est bien simple ça vient de la campagne. Ça vous arrive un beau matin, en petite valise, wagon pommes. Voici l'homme sur le pavé. Le Juif est là qui l'attend, avec sa presse, sa radio. Il va rendre Bidasse parisien, Bidasse éberlué est tout mûr. En avant les génials slogans ! Tout trou du cul de vache au village voici Bidasse promu quelqu'un sur l'asphalte de la Ville Lumière, passé l'objet d'une affection, d'une sollicitude passionnée de toutes les minutes. Il a un « goût » qu'on lui décrète, un flair ! une délicatesse !

Un génie personnel inné ! que c'est le joyau de la planète ! qu'on lui affirme, qu'on lui déclare, par éditions extra-spéciales, en immenses titres, à feux de Bengale, à tout néon ! qu'il en est bouleversé d'autor, déluré, cascadeur et tout. En huit jours il se reconnaît plus. Un vertige d'intelligence ! Le chef-d'œuvre des 22 siècles ! C'est lui l'unique et pas un autre ! Tout des sauvages partout ailleurs ! Des gens qui n'existent pas... des pays de minables et d'affreux, des queues-dans-le-dos !... « Sa Pomme » est d'avis ! positif ! Avantageux comme Boccador ! Apothéose des quintessences, Français moyen, chouchou des dons rarissimes, le Prince des forces et des astuces ! l'on-ne-fait-pas-mieux-de-Dol-à-Pékin ! C'est plus que de le faire boire un peu, de l'étourdir au cinéma, de le faire passer aux Folies, qu'il se déprave éperdu Grand Luxe, qu'il se damne aux nénés-sortilèges, aux mirages de hautes priaperies, le voilà tout gâteux à fondre, déconnant le nord pour midi, la droite pour la gauche... Il a oublié son clocheton, son pissenlit, sa chèvre borgne, il est perdu. Rupture des labours. Paysan renié par ses vaches. Même pauvre à bouffer du rat, c'est lui le plus fort armé du monde ! délirant à plein univers ! il défie la Terre ! l'Amérique ! il lance des cartels au Zénith ! il a des canons pour la Lune ! il la traverse aller et retour !

Il est plus comparable à rien, il est plus montrable, plus sortable, plus écoutable sans rougir. Voici l'homme fou à ligoter, citoyen grisé de conneries qu'a perdu tout sens du ridicule. Il sait plus ce qu'il fait, ce qu'il ne fait pas. Il a plus que des velléités, des ébauches, des bribes, il sait plus rien entreprendre, il comprend plus rien. Il a perdu ses racines. Il est l'homme des publicités, rincé, délavé, chiffe crâneuse. Il va où sa connerie le pousse, où le juif lui souffle les slogans.

Pour tenir la France en haleine, c'est pas fort : faites reluire Bidasse, mariole, hargneux, ricanier. La faraude opinion française c'est la laide Symbiose Bidasse-Youtre.

Bidasse de plus en plus décevant, fourbu, branlé, équivoque.

Voici longtemps que ça fonctionne, que Tabarin attend Bidasse pour lui monter le bourrichon, lui en mettre plein les carreaux, pour l'hypnotiser à mort, à son débarquer de la campagne. Déjà en 1580, Tabarin sur le pont Neuf attendait les gars.

La France crève de ses croquants snobs, mobiliers bois de rose, « trousers », vernos sur « œils de perdrix ».

Essayez de comprendre ce qu'ils veulent ? Ils veulent quoi ?... Ils en savent rien ! Les radicaux ? La monarchie ? Le retour « comme avant » ? La Sociale ? Les Phalanstères ? La guerre civile électorale ? Alexandre Dumas Dictateur ? Le Comité Mascuraud ? Léon Blum ? Reynaud ? Les Jésuites ? La Proportionnelle ? Les Jeux de Loto ? Le grand Mogol ? Ils veulent quoi ? Ils savent pas eux-mêmes... Ils ont tout salopé, pourri, dégueulé à tort et à travers, tout ce qu'ils toucheront sera de même, dégueulasse, ordure en deux jours.

Ils veulent rester carnes, débraillés, pagayeux, biberonneux, c'est tout. Ils ont pas un autre programme. Ils veulent revendiquer partout, en tout et sur tout et puis c'est marre. C'est des débris qu'ont des droits. Un pays ça finit en « droits », en droit suprêmes, en droits à rien, en droits à tout, en droits de jaloux, en droits de famine, en droits de vent.

À nous deux ! — RASTIGNAC

Mais faut pas oublier l'Élite ! Elle existe ! Bordel ! Elle existe ! D'où qu'elle vient celle-là ? Elle vient de son village de même. Elle arrive se faire consacrer... Humer l'atmosphère parisienne... la sophistication des choses, l'astuce, l'entendu raffiné... l'élégance qui s'improvise pas... Comment c'est la consécration ? C'est la maîtrise de faire : peutt ! peutt !... C'est pas si simple que ça a l'air... C'est toute une carrière, des épreuves... Faut d'abord aller à l'école. Sauter dans le bachot...

La navigation commence !... Passer les éliminatoires... S'y reconnaître en géographie... en algèbre... en agronomie... se faire injecter les Pandectes... La Science Politique... Apprendre au poil l'Histoire de France bien juive et maçonne et pourrie, bien faisandée, bien contrefaite... Sortir de tout ça licencié... Déjà bien vache en petites lumières, babillard du pour et du contre... Le rudiment de la muflerie... le scepticisme élémentaire... le cœur déjà pas très vaillant de race épargnante et salope, se le racornir encore un peu... se le ratatiner forme bourse qu'il tinte vraiment plus que pour les sous... grâce à l'instruction frigidante, rationnelle et papyracée... Voici l'adolescent d'élite au point pour les cent mille profits, bien défendu contre sa jeunesse, contre les emballements de son âge... ayant bien retenu la morale de papa-maman... l'horreur des spontanéités... le déshonneur du sacrifice...

Voici l'adolescent d'élite à point pour les cent mille profits... petit wagon pommes première classe... villageois snob montaignisé... cent fois plus avide que son père qu'était pourtant un fameux crabe... qui laissait pas grand'chose sur l'os... Voici fiston reniflant la ville... Dents longues, ficelle, yeux faux-fuyants. Il va entrer dans les relations, il va fréquenter les salons, la Loge des « Hirsutes réunis » (affiliée Brith-Brith), deux, trois bars en vogue. C'est lancé ! Là alors c'est du vrai peutt ! peutt ! la Mode, la Couture, les Artistes ! Ah ! vraiment des gens de vertige ! qu'ont le cœur qui bat plus du tout sauf un petit peu pour la « Persic » et deux, trois « toc » pour la partouze quand c'est la fête d'un grand Fermier qu'on n'enfile que des Agentes de Change ! Oh, c'est le plain-pied du Sublime ! on fonce au sein du raffinement ! avec tout confort capiteux, parfums ambrés, chochottes menues, menottes d'Orfèvres ! Hammam, Ambassades, eau chaude, poils d'S.D.N... On suce des secrets redoutables... Quels prolongements ! Il en reste tout miraut le pote... Il sait plus où mettre son affaire... Il parle plus de sa sous-préfecture... Il bulle quand il pense au grand monde... aux portes d'Or que ça lui ouvre... à sa culture évasive... à la façon qu'il s'affranchit... qu'il surpasse à présent papa... Il pense plus qu'International... les « critériums de la valeur »... « l'abjection des crasseux profanes »...

Trusts des cerveaux !... Barbares qui conçoivent mal les choses ! petits cassis vils purotins... trusts des esprits... Le sien tout de suite !... Et les affres de Mr Benda ? Du coup alors il participe ! pour le juif jamais trop de vœux, jamais trop de tendres alarmes, de révérences, de genoux fléchis... Encore deux trois devoirs en Loge... quelques bonnes notes du Vénérable... fiston débouche en pleine élite... Il escalade deux trois salons... mais faut pas qu'il s'en trouve ébaubi !... Penaud qu'il oublie son "peutt ! peutt !" au moment convenable !... Catastrophe ! défrise les génies qu'il fréquente !... les princesses de la distinction... Sarah Barbizol-Cudégonde née Schwob-Arzincourt et l'éblouissant Durand-Kahn qui est Montaigne actuel en Sorbonne... qu'est si sceptique qu'il en dort plus... qu'est un tel trésor casuistique qu'il fait de la merde mangeant du pain !... Que tout le monde en reste ébloui... Que ça fait des thèses mémorables dès qu'une seule lui sort au derrière... Voilà comment ça marche l'élite !... Le petit pote faut pas qu'il s'endorme, il serait dépecé par la meute... On fréquente ou on ne fréquente pas ! Ah ! Ah ! Attention ! C'est du « peutt peutt ! » ou la mort ! Peutt ! Peutt ! en mépris mi-dégoût avec un quart sourire blasé pour tout ce qui n'est pas merde juive... C'est tout plein de nuances tout ça aussi... faut pas abuser des babines... On est à la cour à Mammon, à la cour du grand Caca d'or ! On décourage les importuns... Le courtisan joue les babines. Certes ! pas trop n'en faut !... à bon escient !... C'est la fonction, le privilège, la fière défense du Tabouret. Il serait éminent aux Finances, de tout premier ordre aux Phosphates, bouleversant aux élevages de Porcs, de haute puissance dans les Betteraves, il serait Michel-Ange en culottes, ça lui servirait pas grand'chose si il sait pas faire les « peutt ! peutt ! » Ô l'impitoyable exclusive, l'ordalie féroce !

Et comme ça se fait les peutt ! peutt !? Ça se fait en relevant les babines à propos de rien et de tout. C'est une façon de chier par la bouche sur n'importe quoi on vous présente... peutt ! peutt !... du moment que c'est pas timbré youp, de précieux caca sémitique. Mais alors attention les cuivres ! les superlatifs ! toute la pompe ! si c'est du théâtre d'intentions... du fin sel de yite cabaret... négroïde frondeur contre aryen, à sens unique... du journal qui ne veut rien dire mais qu'est plein de soupirs qu'en disent long... et de photos de vrais amis... On se comprend !... Bravo le bon juif provençal ! tout rond et l'acceng ! dix-huit fois ! vingt-cinq fois français ! et quel talent ! Deux cent cinquante fois plus que vous !... Le serre au Goncourt qu'arrive pile ! mais voyons !... Conseil de réforme assuré ! naturellement ! Et le ballet à l'Opéra ?... Et le dernier bon ton de vaseline !... Ah ! C'est le roman de l'Exilé... C'est le ragot ministériel... C'est Tout-Vichy... Oh ! mais les basses... Attention !... flairez l'embûche ! Gafez ! Reniflez de très loin !... Téléphonez rue Cadet... au nouveau maçon S.V.P. de l'autre côté du Petit Palais... Renseignez-vous et allez-y ! C'est la raillerie, le scepticisme, l'arétin mépris supérieur... qui vous efface d'une seule babine tout ce qui n'est relent youpin, mijotant fumier de Secret...

Certain ? alors allez-y carrément ! Relevez, retroussez babines !... Prononcez-vous gaillardement !... Relevez ! relevez ! peutt ! peutt ! babines !... Vous êtes dans le ton ! la voie royale ! vous allez franchir d'un seul coup trois échelons, trois marches du temple ! les douze cercueils de votre Loge ! Votre avenir est presque juif ! Suffit pour ça d'une seule babine ! placée au moment optima !... On vous épie... on vous surveille... cent fois reprenez l'exercice, cent fois que dis-je ? mille, cent fois mille ! et rebabine ! rebabinez !

C'est tout l'enjeu de votre vie ! Vous êtes pas de race larbine pour rien... ça serait malheureux à votre âge ! Allez-y ! blasé... averti... fripez le nez un tout petit peu... comme ça... les narines... culturel... qu'est au courant du fin des choses... sceptique en somme... même agacé... dodelinez s'il le faut... dédaignez beaucoup... dédaignez !... le malfrin baveux... l'essoufflé truand juste français... votre double... Ah ! l'enflure, où qu'il s'avance ?

Il est né ici simplement ? Il est pas marié à Rachel ? Il est pas degré bleu quelque part ? Ah ! le crime ! alors pardon ! étranglez-moi ça ! Une corde ! Ratatinez-moi ce cochon ! Tout ce qu'il peut tenter l'incongru mais c'est de l'ordure ! et puis pas même ! C'est même pas la peine de regarder ! C'est tout cuit ! C'est de la fiente d'avance ! À l'hallali mes sournois frères ! curée ! curée ! Vous gênez pas ! La Veuve arme nos bras vengeurs ! Hurlez d'horreur ! Et tous ensemble ! Ravagez-moi cette engeance ! que rien vous arrête ! Faites-en de la gadouille ! Une bouze verte ! C'est que votre frère à esquinter ? C'est là votre devoir de Français ou vous comprendrez jamais rien ! C'est ça le vrai patriotisme et la libération humaine ! Deux pierres d'un coup ! Dix pierres d'un coup ! le tombereau ! Qu'il en ressorte plus ! Ah ! surtout point de méprise ! L'œil et le bon ! Une bonne carrière tient qu'à un fil ! Allez pas écrire que ça vaut si c'est pas un homme des occultes !... Vous seriez puant pour toujours !... Ostracisé tout net à mort ! Sans pardon possible ! Ça c'est bien plus grave que de l'inceste ! « A trouvé de l'indigène fort bon » ! Je dis pas meilleur que du juif ! C'est proprement impensable !... C'est du crime pas imaginable !... C'est du hors la nature française... Ils pourraient jamais s'y résoudre. Ils en crèveraient là net sur place... d'horreur, d'oubli de dénigrement... Pas éreinter son frère de race ?... Mais ça se serait jamais connu ! Ça serait vraiment la fin de la France !... Oh ! Attention pour les babines ! Oh ! que ce soit correct et prompt ! indubitable, tout répulsif. Ah ! relisez donc mes critiques. Vous allez vous régaler encore ce coup-ci, pour ne citer que mon petit cas... peutt ! peutt !... et peutt ! peutt ! enragé !...

Ça c'est du chaud travail d'ensemble !... des vraies leçons exactes pour tout le monde !... Ce qu'il faut dire... et ne dire pas... apprécier... mordre... salir... conchier... Y a qu'à prendre le ton et puis suivre... Alors vous voguerez sur les velours, plein les nougats, distendu, pétant de réussite ! Ça vous empêchera pas d'être nul, mais vous aurez l'autorité, et personne vous doublera plus. Vous entrerez au conseil d'Ordre. Prenez-moi au mot, petite tête. C'est vous qui jugerez tous les autres, une fois pour toutes et tout caïd, vous serez du côté du vainqueur, en politique, art, ou finance, un éminent de la babine, un vrai redouté peutt-peutteux. Vous ferez la pluie et le beau temps au « Tatersaal » comme au « Croissant ».

« Que sçouais-je ? » Je sçouais que c'est « juivre ou mourir ! »... d'instinct alors et intraitable ! dès que vous reniflerez du français ! Vous êtes au point ? C'est admirable !

À vous les places superchoisies, les postes d'élite, les téléphones supersecrets, les indéracinables planques, les gâteaux, les vraies toisons d'or, que vous arriviez de vos Brouzarches, de vos Conches-sur-Eure, des fonds de vos Creuses, encore plein de paille au cul et fouasse, la nuque encore tout élastique, le front tout prêt des siècles de joug, ça fait rien, vous serez reconnu maître, rude chef d'élite et transcendant, de la façon que vous ferez peutt ! peutt ! Que tout ce qu'est aryen vous excède que tout ce qu'est pas juif vous empourpre de honte et d'horreur, que c'est instantané chez vous, qu'on a pas besoin de vous prier, qu'on a jamais pu vous surprendre d'avoir autre chose que des renvois dès que vous reniflez que c'est pas juif. La difficulté vous stimule, même dans le folklore, vous retrouverez immédiatement tout plein de youpins.

C'est le diable si vous êtes pas poète avec des facultés comme ça ! Quel avenir mon joli garçon ! Quel peutt-peutteux considérable ! Écrivez à la N.R.F. ! Une sérosité pâle vous sourd, une mucosité blême exsude, s'étend fragile sur deux cents pages. L'effort divin est accompli ! Un immense écrivain de plus !...

Le cœur bien ralenti s'arrête. C'est plus qu'un petit cuir bien prudent, avec sa petite poche pour ses fiches. Comme çà vous aurez plus d'ennuis. Vous aurez plus d'ennuis. Vous aurez plus qu'à enregistrer de nouveaux triomphes, vous taire, de condés en condés, épouser l'héritière convenante, la mieux affiliée, vous faire saluer au restaurant.

Voguez, voguez petit bonhomme ! vous aurez tous les vents pour vous ! Bordel pavoisez votre toile, épanouie arrogante aux mers ! Sans vous émoustillez bien sûr, cela ferait du tort à votre peutt-peutt... Vous n'auriez plus l'air britannique... Le flegme ! Le flegme du puissant !... En plein calme comme il vous est dû... comme il vous sied à ravir... nonchalamment à la coupée... laissez venir...

Vous convolerez calmement... vous copulerez calmement... vous irez gentiment au Sphynx... vous aurez des petits enfants calmes sans imprévu... sans avatars... toujours tout ça grâce au peutt-peutt... en sillon juif...

Vous en serez de la vraie élite, choyé, gavé, préservé, tout... C'est l'essentiel dès que l'on songe, que l'on réfléchit un petit peutt !...

La vie est courte, crevante, féroce, pourquoi hors peutt-peutt s'emmerder ? À quoi ça ressemble je vous le demande ! malheur aux ignares voilà tout ! Se casser le cul pour des clopinettes ? pour des rédemptions fantastiques ? des croisades à dormir debout ? quand c'est si facile de se défendre, de parvenir par la babine à port sûr, ravissant, fameux...

Certes faut être fumier de très bonne heure, faut que la famille s'en occupe, autrement ça se développe moins bien, c'est une question de premier âge, en plus d'heureuse hérédité, la bonne étoile c'est d'être bien né, sous des parents qui comprennent. Ça s'ensemence la vermine, ça se cultive tiède, à l'ombre, ça prolifère, c'est heureux, plus heureux foutrement que l'aigle qui croise là-haut dans les tempêtes.

La vermine quel avenir immense ! raisonnable ! coup sûr ! Les aigles il en reste presque plus !

Par Hiram bordel ! la Terre tourne ! Elle contient plus de mauvais que de bon ! Les jeux sont faits !

Je connais le plus honnête homme de France. Il se donne un mal ! Il se dépense ! Il est maître d'école à Surcy, à Surcy-sur-Loing. Il est heureux qu'au sacrifice, inépuisable en charité. C'est un saint laïque on peut le dire, même pour sa famille il regarde, pourvu que l'étranger soit secouru, les victimes des oppressions, les persécutés politiques, les martyrs de la Lumière. Il se donne un mal ! Il se dépense ! Pour les paysans qui l'entourent c'est un modèle d'abnégation, d'effort sans cesse vers le bien, vers le mieux de la communauté.

Secrétaire à la Mairie, il ne connaît ni dimanche ni fête. Toujours sur la brèche. Et un libre d'esprit s'il en fut, pas haineux pour le curé, respectueux des ferveurs sincères. Faut le voir à la tâche ! Finie l'école… à la Mairie !... en bicyclette et sous la pluie… été comme hiver !... vingt-cinq, trente lettres à répondre !... L'État civil à mettre à jour… Tenir encore trois gros registres… Les examens à faire passer… et les réponses aux Inspecteurs… C'est lui qui fait tout pour le Maire… toutes les réceptions… la paperasse… Et tout ça on peut dire à l'œil… C'est l'abnégation en personne… Excellent tout dévoué papa, pourtant il prive presque ses enfants pour jamais refuser aux collectes… Secours de ci… au Secours de là… que ça n'en finit vraiment pas… À chaque collecte on le tape… Il est bonnard à tous les coups… Tout son petit argent de poche y passe... Il fume plus depuis quinze ans... Il attend pas que les autres se fendent... Ah ! pardon ! pas lui !... Au sacrifice toujours premier !... C'est pour les héros de la mer Jaune... pour les bridés du Kamtchatka... les bouleversés de la Louisiane... les encampés de la Calédonie... les mutins mormons d'Hanoï... les arménites radicaux de Smyrne... les empalés coptes de Boston... les Polichinels caves d'Ostende... n'importe où pourvu que ça souffre ! Y a toujours des persécutés qui se font sacrifier quelque part sur cette Boue ronde, il attend que ça pour saigner mon brave ami dans son cœur d'or... Il peut plus donner ? Il se démanche ! Il emmerde le Ciel et la Terre pour qu'on extraye son prisonnier, un coolie vert dynamiteur qu'est le bas martyr des nippons... Il peut plus dormir il décolle... Il est partout pour ce petit-là... Il saute à la Préfecture... Il va réveiller sa Loge... Il sort du lit son Vénérable... Il prive sa famille de 35 francs... on peut bien le dire du nécessaire... pour faire qu'un saut à Paris... le temps de relancer un autre preux... qu'est là-bas au fond des bureaux... qu'est tout aussi embrasé que lui question la tyrannie nippone... Ils vont entreprendre une action... Il faudra encore 500 balles... Il faut des tracts !... Il faut ce qu'il faut !... On prendra sur la nourriture... il compte plus ses kilos perdus... Il rentre au bercail... il repasse à l'action... prélude par une série de causeries... qui le font très mal voir des notables... Il va se faire révoquer un jour... Il court à la paille... En classe il souffre pour ne rien dire... Tout de même il est plein d'allusions surtout pendant l'Histoire de France...

Il leur fait voir que c'est pas rose aux mômes de la ferme à Bouchut d'être comme ça là, d'ânonner sur les preuves de 4 et 4, 8... et les turpitudes de Louis XVI pendant que peut-être là-bas au Siam y a un innocent qui expire dans les culs de basses fosses à nippons !... que c'est la pitié de notre époque... la jemenfouterie du cœur humain... Il en pousse des sacrés soupirs, que toute la classe est malheureuse... Il se relance dans les démarches... Il demande audience au préfet... lui plutôt timide de nature... Il l'en-gueule presque à propos de son petit coolie... qu'est là-bas tout seul et qui souffre dessous 400 millions de chinois... Il sort tout en ébullition... excédé... hurlant aux couloirs... ça lui fait un drôle de scandale.

Je l'ai rencontré, c'était en Mai, au coin de la rue de Lille et de Grenelle, il ressortait encore d'une démarche auprès de l'Ambassade des Soviets, toujours à propos de son nippon... Il avait tapé pour venir, pour faire les soixante pélos, deux commerçants de son village. Savoir comment ça finirait ! où l'emporterait sa passion !... On peut pas dire qu'il est juif, Bergougnot Jules il s'appelle, sa mère Marie Mercadier. Je les connais depuis toujours. Il est en confiance avec moi. Je peux en avoir avec lui. C'est un honnête homme.

— Dis donc, que je lui dis, un peu Jules... Tu veux pas me rendre un service ?...
— Ça dépend qu'il me fait... Je me méfie !... Avec les gens que tu fréquentes !... Enfin ça va, dis toujours...
— C'est pour Trémoussel qu'est mouillé... Tu sais ? « la Glotte » ? Il s'est fait faire... Il est pas bien avec les flics... Il a manifesté à Stains... Il a cassé un réverbère...
— Tant pis pour lui, c'est un salaud !...
— Pourquoi tu dis ça ?
— Je le connais !... On a été grives ensemble... On a fait trois ans au 22... J'ai jamais pu l'encaisser... Il est pas parti à la guerre ?
— Non il est trépané de l'autre...
— Y en a des trépanés qui retournent...
— Oui mais pas lui, il se trouve mal, il a des crises...
— Il se trouve pas mal pour faire le con !...

— Mais c'est pour les juifs qu'il milite !... C'est pour eux qui s'est fait poirer, c'est pour l'assassin de l'ambassade...
— Ça fait rien c'est une vache quand même !...
— Pourquoi que tu lui en veux comme ça ?... C'est bien la première fois, dis, Jules que je te vois haineux pareillement... et quelqu'un qu'est dans tes idées... qui souffre aussi pour la cause...
— C'est vrai dis donc t'as raison... Je peux pas le blairer le Trémoussel !... On était camarades de lit... C'est pas un méchant garçon... mais il a quelque chose d'impossible...

Jules il est foncièrement honnête et consciencieux et tout scrupules... ça le chiffonnait ma remarque...

Il fit encore un effort.

— Eh bien tu vois au fond je vais te dire... Trémoussel je le connais bien !... ça doit être ça qui m'empêche... J'ai vécu trois ans côte à côte... les autres je les ai jamais regardés... je les connais pas pour ainsi dire... Et puis, tiens, je vais te dire toi grande gueule ! maintenant que je te regarde un petit peu... T'es pas beau ma saloperie ! T'es encore plus infect que l'autre... Ah ! Dis donc taille que je te revoie plus !... J'ai des relations moi tu sais !... Je te la ferai remuer, moi, ta sale fraise !...

Je voulais pas envenimer les choses... Je voulais pas d'esclandres dans la rue... surtout à ce moment-là... Je suis parti par la rue du Bac... Il a pris le faubourg Saint-Germain... Je l'ai jamais revu Jules... C'était un parfait honnête homme, il se dépensait sans compter. Il se donnait un mal, un souci ! Jamais vu pareil apôtre pour les choses qui le regardaient pas. C'était pas la gloire des honneurs, ça l'avait pas intoxiqué, même pas officier de la rosette.

Sans armes, sans avions, sans mitraille, à coups de pieds au cul, coups de poing dans la gueule, ça se serait déroulé la même chose, la même tatouille, la même déroute, même catastrophe.

Les nations ne vont pas mourir parce que les hommes d'État sont nuls, leurs gouvernements trop cupides, trop ivrognes ou trop pédérastes, tout ceci est sans importance, leurs ministres trop prétentieux, leurs ambassadeurs trop bavards, qu'elles-mêmes, ces nations capricieuses, sont devenues trop arrogantes, sursaturées de richesses, écrasées par leurs industries, trop luxueuses ou trop agricoles, trop simplettes, ou trop compliquées. Tout ceci est sans gravité, vétilles passagères, simples faits divers de l'Histoire. Les matières premières essentielles font-elles défaut à l'industrie ? Les usines tournent-elles ralenties ?... Voici déjà les choses sérieuses, mais qui peuvent encore s'arranger. Voyez l'Allemagne.

Et les désastres militaires ? Les occupations par l'ennemi ? qu'en dites-vous bel intrépide ? Aucune importance. Une nation prolifique, ardente, se relève admirablement des plus grands torchons militaires, des plus cruelles occupations, mais seulement à une condition, cette condition très essentielle, mystique, celle d'être demeuré fidèle à travers victoires et revers aux mêmes groupes, à la même ethnie, au même sang, aux mêmes souches raciales, non abâtardies, celles qui la firent triompher, souveraine, aux temps d'épreuves et de conquêtes, de s'être malgré tout préservée des fornications de basses races, de la pollution juive surtout, berbère, afro-levantine, des pourrisseurs-nés de l'Europe.

 A-t-elle succombé aux philtres, versé aux racailles de partout ? De ce moment plus de salut, tout pays contaminé juif dégénère, languit et s'effondre, la guerre ne le tue pas, l'achève. L'essentiel est fait, le Burg que l'on prenait au loin, par illusion, supercherie, pour redoutable citadelle, ne tenait qu'à forts de carton, enclose populace de fous, braillant brelan d'énergumènes, furieux à carcans, tout gâteux, perdus de discours et de vin, acharnés après leurs décombres, voués à la mort, à s'étriper tous.

 La foudre a frappé cette horreur, toute débâcle est un coup de grâce.

Mais voici 37 millions d'êtres qui se trouvent là cons ébaubis, la tourmente passée, dépareillés, envieux, sournois, n'ayant pas une idée commune, sinon quelque morne aversion les uns pour les autres, plats anarchistes resquilleurs, miteux et fades, chacun pour soi, un contre tous, et si c'est possible tous contre un. Décomposition du cadavre. Que peut-on faire de cette engeance ? Cet énorme amas de loques ? Déporter tout ça vers l'Oural ? Remettre tout ça d'autor en bottes, puants lots, en fourgons-prolonges, leur faire dégueuler leur connerie là-bas au tapin sous la trique, les faire repousser tant bien que mal, en dispositions plus gentilles, à mille et milles verstes de chez eux ?

Ça pourrait peut-être arriver... C'est peut-être pas si impossible... Peut-être plus tôt qu'on le pense...

Le Bourgeois, lui, il s'en fout, ce qu'il veut c'est garder son pognon, ses « Royal Dutch », ses privilèges, sa situation et la Loge où il se fait de belles relations, celles qui vous relient au Ministère. En définitif il est juif puisque c'est le juif qui tient les ors, qu'a le plus beau Veau dans son Temple. C'est des choses qui se discutent même pas !... qui vont d'elles-mêmes une fois pour toutes !... Et peutt ! peutt !... Le seul vrai regret du bourgeois c'est de pas être né juif, juif tout à fait, depuis toujours, papa maman. La vraie noblesse de notre époque. Il l'imite en tout et pour tout, mêmes opinions, mêmes engouements, mêmes vedettes, mêmes répulsions, mêmes morues, mêmes zibelines. Il file le youtre train comme il peut, Ben Pourceaugnac.

Seulement le juif il a plusieurs cordes, il est Trotsky et puis Rothschild, les deux en même temps à la fois... Il a un blase pour toutes les sauces. C'est là qu'il va baiser le bourgeois.

Samuel Bernard et puis Sanson ! D'abord « peutt ! peutt ! » et puis grand « Pffuitt ! » Ah !

Ah ! Voici la devinette !

L'ouvrier il s'en fout d'être aryen pur ! métis ou bistre ! de descendre de Goths ou d'Arthur ! pourvu que son ventre ne fasse pas de plis ! Et précisément ça se dessine... Il a d'autres chats à fouetter ! Qu'est-ce que ça peut bien lui faire d'être de sang pur ou de mélange ? Pourquoi pas marquis de Priola ? duchesse des Gonesses ? Tout ça des histoires de boches, des trucs pour emmerder les juifs, les razzier, secouer leur pognon. C'est des vengeances de l'Hitler qu'a pas pu dominer le monde, bien emmerdé. Y a des petits juifs bien sympathiques, et des Français des vaches finies, des lots écœurants. C'est pas du tout une question de race. C'est une question de classe. Tout le monde sait ça... Le juif est l'ami de l'ouvrier, démocrate, ami du progrès, partisan de l'instruction publique, du suffrage des femmes. C'est ça qui compte !

C'est autre chose que du cagoulard. Un ami de la liberté ! c'est un persécuté le juif, un homme qui souffre pour sa religion ! Une victime des dictatures ! Les juifs responsables de la guerre ? Voilà encore une autre salade ! Une invention du Capital pour disculper les vrais coupables, les hommes de la cinquième colonne. Les vrais coupables c'est Hitler et puis Wendel, peut-être Dreyfus (et encore pour lui c'est à voir), d'accord et d'accord tous les trois (les gros ne se mangent pas), avec Churchill et Franco pour étrangler le prolétariat, lui reprendre ses conquêtes de

36, sa dignité par les week-ends, sa Simca 12 et son bois de rose.

C'est ça pour lui la guerre du monde à Prolétaire 41, c'est pour ça qu'il crève, qu'il la saute. On lui changera pas son idée avec des fifres et des sourires. La question du jour et de l'avenir. Il a la vérité dans le tronc, il en changera plus.

Tout le reste c'est que de la manigance, des embrouillaminis de fausses vaches, de mecs payés par les dudules et par conséquent par les riches pour déconfire, noyer le poisson, pour endormir le damné de la Terre.

Oh ! la ! la ! comme c'est délicat, comme c'est ardu, pénible et tout d'aborder des sujets semblables ! Voici par exemple une personne... Elle a par exemple la vérole, vous pouvez vous dire : Oh ! ça va !... c'est un malade pas très commode... Je vais lui soigner ses petits boutons avec une pommade anodine... quelques petites dragées jaunes ou rouges... il sera bien content... Je lui parlerai pas de la grande chose... ça me fera un client satisfait, qui dira du bien de moi partout... Je l'entreprendrai pas par piqûres... Sûrement il me fera des malaises... il aura les dents déchaussées... il dégueulera dans l'escalier... il défaillera peut-être en syncope... voyez-vous ça dans mon fauteuil ? que je soye obligé de le cacher... à la trois... quatrième ampoule ? de l'enfermer un peu dans l'armoire... qu'il me fasse finir comme Bougnat... on sait jamais dans l'existence... la malveillance est partout... On s'affole et puis c'est l'horreur... le drame commence, le Grand Guignol... Faut pas voir trop au fond les choses... pas trop curieux ! C'est la bonne règle « curiosity kills the cat » comme dirait de Gaulle... Mais retournons à notre malade... Si nous lui faisions une ponction pour voir un petit peu ses méninges... Si son liquide est pas troublé... ce que dit un petit peu sa cervelle... Oh ! la ! la ! Gardez-vous-en bien !... Du coup vous êtes mûr pour l'enfer !... Vous savez pas où aller ! Dans vingt ans... trente ans... davantage ! Il reviendra vous voir ce monsieur... hanter vos nuits de songes atroces... l'ai-je tué ou l'ai-je pas ?... tellement il vous aura maudit... Il sera votre vampire dans la retraite que vous aurez si bien gagnée, vous le scrupule en personne... d'y avoir un petit peu remué comme ça son liquide rachidien... Ah ! ne remuez donc rien du tout ! même pour l'amour de Dieu sincère ! Pour le dévouement aux perclus ! vous vous ferez emmerder à mort !

Restez tranquille ! Soignez bénin... des petites pilules qui froissent personne... Laissez la vérole où elle est. Elle vous demande rien. Elle se trouve bien dans la profondeur. Bercez-là de vos bonnes paroles. C'est pas de la médecine qu'on vous demande, c'est de la magie. Attaquez jamais l'essentiel on vous en sera bien reconnaissant, ému, très touché pour toujours. Le bonheur c'est parler de rien, de laisser crever les pourris, à l'heure et au jour du Destin, de pas s'occuper de la petite sœur. De faire votre cour à Tréponème avec de menues dragées blanches et des gros mensonges.

Je connais une malade distinguée elle me dit toujours quand je la rencontre... que je la sermonne un peu...

« Oh ! Docteur ! non !... C'est pas la peine... Je n'ai eu qu'un tout petit début... Vous le savez bien ! Je vais tout de même pas me soigner toujours pour un tout petit début de ça... Vous m'avez pris si bien à temps !... Oh ! Docteur, soyez raisonnable ! »

Et c'est pas l'argent qui l'anime. J'en ai jamais pris à personne. Non ! c'est tout simplement la chose que ça l'ennuie d'aller à fond. Elle veut pas reconnaître le pénible. C'est ainsi et puis voilà tout. La vérité personne n'en veut.

Dans un autre genre remarquez donc, dans les discours, dans les journaux qui parlent de remonter la France, jamais ils attaquent le sujet, ils se grattent, ils se tortillent tout autour, ils se posent la main sur le cœur, ils poussent joliment le trémolo, et puis encore deux, trois coups de gueule et puis c'est marre et puis c'est tout. Ceux qui parlent vraiment mal des juifs, les terribles adversaires d'Israël, ils parlent pas de la question des classes/races, ou ils la nient tout simplement, ils éludent, ils biaisent, bronchent, cavalent... Ils piquent pas, ils vantent les pilules, les onguents « Meloli-méla » qui sont souverains contre l'évidence.

Ceux qu'incantent dans le genre communiste, ils gazent beaucoup avec les youpes, ils leur font forcément des poignes, c'est leurs grands adjudicateurs. Tout ça c'est bénin, bien gentil, caboteux, effleurant, facile, bavocheries, emplâtreries, pommades, Baume Tranquille, Baume Commandeur pour les grands jours, quand on va jusqu'à la Bastille !... Que ça fait des superbes tirages ! et puis c'est marre et puis c'est tout. Qu'on va faire Hou ! Hou ! aux fantômes et puis qu'on rentre si fiers chez soi... Tout beaux joujoux pour la vérole ! La Terre tremble pas pour si peu ! Parfaites diversions bien futiles, qui tiennent le peuple bien partagé, incapable de courts-circuits... Que c'est l'assurance contre la foudre, la bénédiction des boutiques.

La France juive et maçonnique, une fois pour toutes. Voilà ce qu'il faut se mettre dans le tronc, chers diplomates ! Les équipes sont à l'infini... À peine l'une est-elle usée... qu'une autre se dessine... de plus en plus « rapprochantes », forcément...

C'est l'hydre aux cent vingt mille têtes ! Siegfried n'en revient pas !

Le Peuple autrefois il avait, pour patienter, la perspective du Paradis. Ça facilitait bien les choses. Il faisait des placements en prières. Le monde tout entier reposait sur la résignation des pauvres « dixit Lamennais ». Maintenant il se résigne plus le pauvre. La religion chrétienne est morte, avec l'espérance et la foi. « Tout en ce monde et tout de suite ! ». Paradis ou pas !... Comme le bourgeois, comme le juif.

Allez gouverner un petit peu dans des conditions pareilles !... Ah ! C'est infernal ! Une horreur ! Je veux bien l'admettre.

La preuve c'est que personne y arrive plus.

Les hommes semblent éprouver un grand effroi, absolument insupportable de se trouver un beau matin, tout seuls, absolument seuls, devant le vide. Les plus audacieux, les plus téméraires se raccrochent, malgré tout, à quelque trame usagée, bienvenue, classique, éprouvée, qui les rassure et les relie aux choses raisonnables, acceptées, à la foule des personnes convenables. On dirait que le froid les saisit. Ainsi Drumont et Gobineau se raccrochent à leur Mère l'Église, leur christianisme sacrissime, éperdument. Ils brandissent la croix face au juif, patenté suppôt des enfers, l'exorcisent à tout goupillon. Ce qu'ils reprochent surtout au youtre, avant tout, par dessus tout, c'est d'être le meurtrier de Jésus, le souilleur d'hostie, l'empêcheur de chapelets en rond... Que ces griefs tiennent peu en l'air ! La croix antidote ? quelle farce !

Comme tout cela est mal pensé, de traviole et faux, cafouilleux, pleurard, timide. L'aryen succombe en vérité de jobardise. Il a happé la religion, la Légende tramée par les juifs expressément pour sa perte, sa châtrerie, sa servitude.

Propagée aux races viriles, aux races aryennes détestées, la religion de «Pierre et Paul» fit admirablement son œuvre, elle décatit en mendigots, en sous-hommes dès le berceau, les peuples soumis, les hordes enivrées de littérature christianique, lancées éperdues imbéciles, à la conquête du Saint Suaire, des hosties magiques, délaissant à jamais leurs Dieux, leurs religions exaltantes, leurs Dieux de sang, leurs Dieux de race.

Ce n'est pas tout. Crime des crimes, la religion catholique fut à travers toute notre histoire, la grande proxénète, la grande métisseuse des races nobles, la grande procureuse aux pourris (avec tous les saints sacrements), l'enragée contaminatrice.

La religion catholique fondée par douze juifs aura fièrement joué tout son rôle lorsque nous aurons disparu, sous les flots de l'énorme tourbe, du géant lupanar afro-asiate qui se prépare à l'horizon.

Ainsi la triste vérité, l'aryen n'a jamais su aimer, aduler que le dieu des autres, jamais eu de religion propre, de religion blanche.

Ce qu'il adore, son cœur, sa foi, lui furent fournis de toutes pièces par ses pires ennemis. Il est bien normal qu'il en crève, le contraire serait le miracle.

J'avais conçu un projet, bien aimable, intéressant, je voulais réunir les articles des maîtres de la plume, des membres éminents de l'Élite, parus, les plus émouvants, au cours de la transe d'histoire, des mois fatals 39-40... J'aurais appelé ça *Pages Perdues*... Je ne savais pas très bien encore... *le Florilège des Jean Foutre*... *Bravoures en Feuilles*... *Bravoures en bulles*... sûrement que j'aurais trouvé... avec une petite préface : « Tout ce qui est loyal est grand... Il faut violer la modestie de nos héros de la pensée... etc... etc... »

Ils viendront sûrement « rapprocher » ces preux trouvères, un jour ou l'autre... Ils savent pas encore avec qui... C'est pour cela qu'ils se grattent encore... Ils sont marrants remarquez... Ah ! Splendides notaires de mes deux ! Conseillers de familles... Y a encore des aryens à vendre !... allez vous tracassez pas !... y en aura toujours !... dans une Croisade, dans une autre ! Ils vaudront bien sûr plus grand'chose !... mais ça fera toujours un petit fond... Elle est pas morte votre Étude !... Faudra revoir un peu les formules... mais je suis bien tranquille pour vous... C'est un coup « de la main sur le cœur »... sera-t-il à droite ? sera-t-il à gauche ? Ah ! on ne sait pas !... C'est délicat... Faut pas foutre toute l'Étude par terre d'un mouvement inconsidéré... Faut que le client revienne tout seul... qu'il se retrouve tout de suite en confiance... avec quelqu'un qu'il puisse causer...

Un livre c'est une sincérité, c'est une valeur, c'est un tout ! c'est un morceau de vôs ! y en a des goûts et des couleurs ! mais on se rattrape de l'un dans l'autre !

Le tel censuré aujourd'hui demain sera mirobolique !... après-demain aux ergastules !... c'est la joyeuseté nouvelle ! le grand Trafalgar des faveurs ! c'est un prouvé fumier ce jour, au printemps proche bruissant des myrtes ! Apothéotiques d'aubépines !... Ah ! confrères ne dépérissez ! vous m'avez assez bien fait chyer, je tel doigne mon petit souspir, mais chétif, brief en durée, menu de ton, frêle à malyce, nullement à vous desboutir !

Fourtre ! tout au contraire moult esbaudi ! tout à rejouy de vos restours ! emmy l'encens, les pourpoints d'or, altières trompesteries fantastiques, fringants choirs à vois virginates, des Angloîstoires ou d'Armérirque !

On dit des tas de choses, c'est vite fait d'arranger le monde. La question sociale elle demeure, les juifs ont pas tout inventé, ça serait trop beau, l'inégalité des classes, les privilèges des repus, l'injustice en tout et pour tout ! Les juifs auraient pas l'occasion de fomenter les révoltes si il y avait pas les motifs. Il les ont pas créés de toutes pièces, ils se démerdent autour c'est exact, ils se défendent drôlement à coups d'Humanitarisme, ils en ont fait leur grande machine, dite « des Revendications », c'est la plus formidable du monde, qu'est entièrement entre leurs mains, ils sont astucieux voilà tout. Ils ont le baratin, la plate-forme, toutes les Loges qui leur poussent au cul. C'est quelqu'un, pas d'illusion. Ça s'arrangera pas au sourire, ni au trémolo, aux bulles de Pape. Faudra régler la grosse question, la question des sous. Et je le crains une bonne fois pour toutes. Les bons comptes font les bons amis et pas qu'un petit peu, tout à fait.

Le monde est matérialiste, le plus menu peuple compris. Il croit plus à rien qu'au tangible. C'est comme ça l'Instruction Publique, l'évaporation des Légendes. Ils veulent plus se remettre en route avant qu'on ait réglé les comptes. Une société civilisée ça ne demandent qu'à retourner à rien, déglinguer, redevenir sauvage, c'est un effort perpétuel, un redressement infini. C'est de l'effort et ça fatigue. La nôtre elle veut plus rien foutre, elle veut plus se fatiguer du tout. Elle se les retourne de plus en plus. Elle s'effondre dans tous les coins.

C'est la base qu'est vermoulue, qu'étant bâtie sur l'espoir, ils en veulent plus du tout de l'espoir, ça ressemble trop aux courants d'air, ils veulent du « tout de suite et confort ».

C'est plus des hommes de Légende, c'est plus des imaginatifs, c'est des hommes de la mécanique. Pascal ça l'étonnait aussi les espaces infinis des cieux, il aimait mieux la brouette. Ça rend pas bon la mécanique ça rend prosaïque et cassant. Tels quels ils repartiront jamais, ils saboteront la machine, on ira de plus en plus à pied, on sera de plus en plus malheureux et la police et les prisons elles seront croulées avec le reste, noyées sous décombres.

C'est autre chose un essor, c'est un enthousiasme !

Où qu'est Dieu ? le Dieu nouveau ? le Dieu qui danse ?... Le Dieu en nous !... qui s'en fout ! qu'a tout de la vache ! Le Dieu qui ronfle !

Les damnés de la Terre d'un côté, les bourgeois de l'autre, ils ont, au fond, qu'une seule idée, devenir riches et le demeurer, c'est pareil au même, l'envers vaut l'endroit, la même monnaie, la même pièce, dans les cœurs aucune différence. C'est tout tripe et compagnie. Tout pour le buffet. Seulement y en a des plus avides, des plus agiles, des plus coriaces, des plus fainéants, des plus sots, ceux qu'ont la veine, ceux qui l'ont pas. Question de hasard, de naissance. Mais c'est tout le même sentiment, la même maladie, même horreur. L'idéal « boa », des digestions de quinze jours. Tout ça roule, roule tout venin, tiédasse, dépasse pas 39°, c'est un malheur pire que tout, l'enfer médiocre, l'enfer sans flamme. Y a des guerres qu'arrivent heureusement, de plus en plus longues, c'est fatal.

La Terre se réchauffe.

Le peuple il a pas d'idéal, il a que des besoins. C'est quoi des besoins ?

C'est que ses prisonniers reviennent, qui aye plus de chômage, qu'on trouve des boulots soisois, qu'on aye la sécurité, qu'on se trouve assuré contre tout, le froid, la faim, l'incendie, qu'on aye les vacances payées, la retraite, la considération, la belote et le pousse-café, plus le cinéma et le bois de rose, un vache smoking tempérament et la pétrolette d'occasion pour les virées en famille. C'est un programme tout en matière, en bonne boustiffe et moindre effort. C'est de la bourgeoisie embryonne qu'a pas encore trouvé son blot. Les plus terribles bouleversements vont pas lui changer son programme. C'est du rêve de décontenancé, de paysan qu'a plus sa vache, plus de terre, plus de châtaignes, qui se raccroche à tout ce qu'il trouve, qu'a peur que le monde lui manque, que tout lui flanche entre les doigts. Tout ça il se dit c'est fantastique ! ça pousse tout seul, ça durera pas... Je serai à carreau que fonctionnaire... Ah ! bordel foutre il m'en faut ! Retraite ou mourir ! La Sécurité ou la mort !

La Panique c'est toujours vilain, faut prendre les choses comme elles sont.

Ça serait pas si abominable, ça pourrait très bien s'arranger, si les atroces profitaient pas pour forniquer leurs saloperies, les occultes cultiveurs de haines, qui démordent jamais, enveniment, disposent les traquenards, bouzillent, torturent à plaisir.

C'est l'Abîme, c'est l'Apocalypse, avec tous ses monstres déchaînés, avides, dépeceurs jusqu'à l'âme, qui s'entrouve sous les petites gens.

Ça suffit pas la misère pour soulever le peuple, les exactions des tyrans, les grandes catastrophes militaires, le peuple il se soulève jamais, il supporte tout, même la faim, jamais de révolte spontanée, il faut qu'on le soulève, avec quoi ? Avec du pognon.

Pas d'or pas de révolution.

Les damnés pour devenir conscients de leur état abominable il leur faut une littérature, des grands apôtres, des hautes consciences, des pamphlétaires vitrioleux, des meneurs dodus francs hurleurs, des ténors versés dans la chose, une presse hystérique, une radio du tonnerre de Dieu, autrement ils se douteraient de rien, ils roupilleraient dans leur belote. Tout ça se paye, c'est pas gratuit, c'est des budgets hyperboliques, des tombereaux de pognon qui déversent sur le trèpe pour le faire fumer.

Il faut étaler les factures, qui c'est qui dèche ? C'est à voir.

Pas de pognon, pas de fifres, pas de grosses caisses, pas d'émeutes par conséquent.

Pas d'or, pas de révolution ! pas plus de Volga que de beurre en branche, pas plus de bateliers que de caviar ! C'est cher les ténors qui vibrent, qui vous soulèvent les foules en transe. Et les chuchoteries de portes cochères à cinq cents bourriques par carrefour ?

Ça revient des sommes astronomiques ! C'est du spectacle, faut mettre le prix, les frais d'émeute ça cube, ça ruine ! pour amener le trèpe à plein délire, qu'il secoue ses chaînes, la marmite, le pot-au-feu Duraton, que tout ça culbute et le tyran, qu'on étripe tout ça dans la joie ! la fraternité reconquise ! la liberté de conscience ! le Progrès en marche ! Que ça soye l'énorme Opéra, le plus géant de deux trois siècles que c'est une autre vie qui commence ! Ah ! ça alors c'est dispendieux ! Au prodige ! Tout un monde de petites bourriques à gaver, festoyer, reluire, des poulets de tous les plumages au picotin plein les Loges, de limaces à redondir, grassoyer, tiédir, mignoter, que tout ça vermoule l'édifice, chuinte et corrode à prix d'or. C'est des notes à n'en plus finir.

C'est hors de prix la Police qui prépare une Révolution, la pullulation d'émissaires, asticoteurs de griefs, des mille rancœurs à la traîne, retourneurs de fiels.

Et il en faut ! Jamais de trop ! Comme c'est passif le pauvre monde, oublieux ! le baratin du damné, voilà du tintouin infernal, lui auquel le gros rouge suffit faut lui donner la soif du sang, qu'il puisse plus tenir dans son malheur, que sa condition le rende maboule, atrocement fauve, anthropophage. Lui qui demande qu'à rester tel quel, grognasseux, picoleux, fainéant. Il veut se plaindre mais pas autre chose. Il faut que tout lui tombe sur un plat. Pardon alors ! Maldonne Mimi ! C'est là qu'il se fait drôlement relancer par les « ardents » à tant par jour, les fonctionnaires de la Révolte. Et c'est encore que le premier acte, les prémices du drame, les exposés de la comédie, les rassemblements tapageurs. Faut pas en promettre des subsides, faut les amener luxurieusement, c'est un gouffre d'insurger le fretin, c'est le Pérou que ça mobilise, le trésor de la « Shell » y passe.

Pas d'or pas de révolution.

Le damné il est pas commode faut qu'on l'éclaire et bougrement, pour qu'il s'élance aux barricades, qu'il commence à faire le fou. Il préfère lui la vie de famille, l'autobus et le meeting baveux. Au fond il aime pas les histoires. Il est conservateur fini, il est de la terre, né Bidasse, faut pas l'oublier. Voter ça devrait bien suffire voilà ce qu'il pense intimement. Il tient pas aux sacrifices, aux piscines de sang. Il y tient même pas du tout. Il faut pour ça qu'on l'enfurie, qu'on le picadorise à mort. C'est un tintouin du tonnerre. Il est gueulard mais pacifique. Plus mendigot que fracasseur. Il veut bien encore des violences mais si c'est les autres qui dérouillent.

Il est comme toute l'armée française il veut défiler triomphant. Il veut sa voiture, son bois de rose, sa Retraite de vieillard à trente ans, tout des raisons pour pas mourir. La pêche à la ligne. Qui dit mieux ? Il veut pas mourir du tout. Les gardes civiques ça tue très bien ! Ils vous ont de ces mitrailleuses ! Sagesse d'abord !

À quoi bon changer l'ordre social pour que les autres se régalent et qu'on soye soi morts et martyrs ? Victoire ? C'est vite dit ! Mais pas d'omelette sans casser d'œufs ! Et pas de bonnes victoires pour les morts ! Chacun réfléchit forcément !... Quelles garanties ? Chacun se demande « in petto »... Est-ce bien sérieux ? Va-t-on mourir pour le confort ?

Que les autres crèvent si ça leur chante ! On verra bien comment ça tourne... C'est là le hic, le point sensible, le

« ne-pas-se-mouiller » paysan, c'est là qu'il faut pousser au crime ! à plein orchestre ! que l'or entre en transe et comment ! La vieille Bastille et ses neuf tours, serait toujours au poste, altière, hautaine, formidable, et ne gênerait vraiment personne, pas plus que Fresnes ou l'île de Ré, si les Banques, les démons de Londres, n'avaient pas fait le nécessaire, enflammé la viande saoule à temps, déchaîné l'émeute, le carnage, soulevé l'ouragan des ragots, les torrents de bave conventionnels, l'ébullition de la frime du sang. L'arrière-petit-fils de Louis XIV serait encore à l'Élysée, Marie-Antoinette révérée par tous les enfants des écoles, patronne de l'élevage des agneaux, si Pitt avait pas insurgé les petits scribouilleux de l'époque, pourri la noblesse à gaga, versé les ronds à pleines hottes, soudoyé la cour et les champs, les mères abbesses et les bourreaux... Sans or les idées ne sont rien. Il faut verser l'or à foison, à boisseaux, à tonnes, pour soulever le peuple. Qui n'en a pas n'insurge personne. Pas plus aujourd'hui qu'au-trefois. Tout d'abord un commanditaire ! C'est la condition du spectacle ! Et point petit cave chichiteux ! quelque hagard effaré comparse ! Pouah ! Quelle horreur ! Quelle insolence ! Non ! Tel répondant colossal ! Le plus coûteux des opéras ! Y songez-vous ? L'Opéra des Insurrections ! Avec Déluges ! Chœurs symphoniques ! Oh ! la ! la ! Si ça vous entraîne ! Tâtez-vous avant d'y toucher ! Vous en avez ? Z'en avez pas ? Quelle est votre banque ? Vous êtes raides ?

Alors taisez-vous ! Caltez ! emmerdez personne ! Vous êtes qu'un petit impertinent ! un petit garçon mal embouti ! Allez donc apprendre la musique ! Ça vous disciplinera l'esprit ! On n'insurge qu'avec des espèces et pas du semblant ! des pichenettes ! Non ! Non ! Des trombes ! Cyclones de pèze !

Guillotine est fille de Guichet.

Ah ! trouver un commanditaire c'est le début de toute grande chose, le rêve de toute personne sérieuse, sans commanditaire point d'essor, le génie lui-même tourne à vide, bouffon bientôt, s'épuise en onaniques mirages. Rien ne peut réussir sans or, rien ne s'achève, n'aboutit, tout s'évapore au premier souffle. Au moindre méchant vent contraire, la première petite cabale, tout se dissipe et disparaît. Pour retenir les hommes ensemble, les posséder en franche meute, il faut leur garantir la soupe, l'écuelle régulière et copieuse, autrement ils prennent plusieurs maîtres et votre meute existe plus, vous êtes fini pour l'aventure, la chasse est bien fermée pour vous.

Ah ! C'est des choses qu'il faut connaître, qu'il faut respecter, c'est des Lois. Tenez par exemple Lénine et son compère Macaire-Trotsky, ils le connaissent eux le fond du sac... le fin grigri des sortilèges, ils s'embarquaient pas à lure-lure...

Admirez leur prévoyance, leur esprit d'administration, leur prosaïsme impeccable, leur vigilance aux aguets de tout bailleur présentable... jamais une seconde déportés du point essentiel : le pognon ! Au guet du nerf des batailles intrompables.

Ah ! que voici des gens sérieux ! C'est pas eux qui se seraient échauffés sur des motions courants-d'air, des vins d'amitié anisés, des hurluberluteries saoules, les vociférations du genre, les tonitruements romantiques, tous les ours creux de la ménagerie qui ne font peur qu'aux petits enfants. Ils voulaient bien des petits congrès qui ne font de mal à personne, pour dire comme ça qu'on a de la troupe, et bien soumise, qu'on est écouté en bas lieux, des rassemblements de minables, des agités de l'injustice, des pelliculeux de l'oppression, des inanitiés de la grande cause, tous les sous-nutris de brouets sales, les cancrelats du café-crème, les intraits enfiévrés de mistoufle, de bile et de bafouillage, il en faut pour le prurit, l'exaspération de la connerie, le baratin vaseux des masses. Des orateurs qui puent de partout, le chien mouillé because pardingue, des crocs because la carie, des nougats because ils sont deuil, de la gueule because l'estomac, tout ça qu'est dans la chtourbe rance, qui sort d'un hospice pour un autre, d'un cornet de frites pour la Santé il en faut pour envenimer le trèpe. Ah ! C'est les martyrs de la cause ! Ah ! c'est des choses qu'il connaître, que ça mord, grinche et puis dégueule sur le morceau, ingrats, infidèles, prétentieux, dès que ça déjeune un petit peu because ça n'a pas l'habitude.

Oh ! la grossière catégorie, oh ! la très rebutante clique, pour les personnes d'entreprise qui veulent pas crever champignols, engloutis sous projets foireux, embarbouillés dans les palabres, perdus dans les lunes, les promesses. La rhétorique c'est pour les foules, aux chefs il faut du répondant, le vrai répondant c'est la Banque.

C'est là que se tiennent les clefs de songe, le petit Nord et le grand secret, les Souffles de la Révolution. Pas de banquiers pas de remuements de foule, pas d'émotion des couches profondes, pas de déferlements passionnels, pas de

Cromwell, pas de Marat non plus, pas de fuite à Varennes, pas de Danton, pas de promiscuité, pas de salades.

Pas un Robespierre qui résiste à deux journées sans bourse noire. Qui ouvre les crédits, mène la danse.

Tout est crédit, traites validées, surtout dans les moments critiques où les reports sont épineux.

Pas de chichis ! pas de badinettes !... Les affiches se collent pas toutes seules... les afficheurs font pas crédit... Ils présentent leur note le soir même... Pour eux tous les soirs c'est le grand soir.

Voilà les humbles servitudes, tout est mesquin dans la coulisse. C'est pour ça qu'elle a réussi la bande à Lénine. Non seulement parce qu'elle était youpe, mais aussi qu'ils étaient sérieux, bien au courant des circonstances, qu'ils sont pas lancés découverts, qu'ils étaient sûrs de leur liquide, qu'ils étaient bourrés au départ.

Tout de suite ils ont donné confiance. Au nom de quoi ils causaient ? Au nom du monde des opprimés ? des Damnés de la Terre innombrables ? des écrabouillés de l'Injustice ? des atterrés de l'Imposture ?...

C'est bien entendu, ça va de soi ! Mais aussi, peut-on dire surtout, au nom de la Banque Lœb-Warburg qu'est autre chose comme répondant sous tous les degrés Latitude... Ils en avaient plein les vagues ces grands sournois de la bonne aubère, avant de propager les émeutes... et pas du pour, du qui s'entend, qui tinte guilleret, qui répercute... qu'est du divin cliquetis... qui remue le Ciel et la Terre... tous les échos des réussites... qu'est la sorcellerie des passions... Qu'est l'onde de magie droit aux cœurs... qu'autour d'elle toute musique s'éteint le frais cliquetis de l'or... la prestigieuse longueur d'onde !...

Bien sûr on était en famille, Trotsky, Warburg, Lœb... banquiers juifs... agitateurs... poètes et paysans... Ça demandait qu'a se rencontrer, qu'à servir en chœur la bonne cause, la seule qui compte, celle des youpins... la Grande Cause de Grande Entourloupe, la grande mise en bottes des aryens, définitifs, plombés, secrets, Royaume d'Isaac absolu qui s'étend du Ciel aux Enfers avec Durand qui se magne la hotte, tout con comme toujours, rissolant, les pieds en feu courant la cendre, s'arrachant la chair pour son maître, lui servant toute chaude, bien saignante, à point, qu'il aye rien à dire de son Durand, péri d'amour. C'est ce que voyait bien Warburg et puis Lénine et puis Trotsky et puis bien d'autres que je ne nommerai pas. C'était entendu, naturel, c'est la communauté du rêve, le vrai communisme cachère, nous tout saignants servis à point.

Ils ont appris ça au berceau dans leur Légende essentielle, lisez un peu le Talmud et la Thora. Y a cent fois ça et davantage. Nous autres on est nés à l'envers, on est nés pour le catéchisme, l'angélus des pelures, le bréviaire des aloyaux, des hommes de consommation, brutes à bataille, charrois et colportages en lourd, tapins zéro, labours zébi, nos femmes pour la couche du Khédive, pour lui distraire ses rages de dents, si il la trouve assez gironde, qu'elle se fasse mignonne par tous les bouts.

Lénine, Warburg, Trotsky, Rothschild ils pensent tout semblable sur tout ça. Pas un prépuce de différence c'est le marxisme cent pour cent. Banques, forçats tout ça bien d'accord. C'est les Bateliers de la Volga, c'est les faucons rouges de Puteaux qui se ravissent que c'est arrivé ! Ils voient déjà le monde meilleur, plein de nougats pour leurs petites gueules ! Attendez chers gloutons de nuages, on va vous fader mes joujoux, il va vous promener le Père Noël !

Ils se sont entendus illico, Warburg, la Banque et Trotsky. Tout ça c'était dans les présages... un chèque présenté par *le Temps*, New-York faisait la couverture, 200 millions de dollars-or pour foutre en l'air l'entreprise du Tzar, culbuter, repasser Romanov, pas 200 millions clarinettes, 200 millions frais et d'espèce ! Trotsky lui-même fit le voyage, présenta ses plans, sa personne, ses façons, il plut tout de suite par ses idées à Mrss Schiff, Warburg et Lœb... mais pas trop par sa personne... Ils le trouvèrent un peu remuant, un peu trop bouillant, hystérique... Ils avaient parfaitement confiance bien sûr, mais enfin n'est-ce pas malgré tout... 200 millions c'est une vraie somme... 200 millions dollars-or, il pouvait être accidenté... ça surgit vite un assassin... Ça tombait pile que Lénine se trouvait justement sans place... un peu à la bourre du mouvement... lui alors tout à fait sérieux, un ascète, un os on peut le dire... de fer à côté de Trotsky... Il plut beaucoup à Messieurs Lœb... Ils le prirent de réputation... l'engagèrent en toute confiance.

Il était alors à Paris... Il sautait la faim rue Delambre... Kalmouk café crème... Il était lui que demi-juif... C'était le minima pour New-York... Marché conclu... Alors pardon !... Ce boum !... Ce départ en tornade ! Le menu parti bolchevique qu'était huit jours auparavant qu'une pénible petite roustissure, une cocasserie à peine en l'air, un quarteron d'énergumènes... alors je vous dis ce ballon ! Ce shoot aux étoiles !... Ça pousse drôlement dix milliards-or !... Il bouffe la Cote ! Il emballe ! Il est partout ! Il bouscule tout ! Kerensky branle, bronche, s'évapore ! On le voit plus !... tellement l'effet est foudroyant... Il se trouve net pulvérisé !... Le « Bolchevik » dans un fauteuil...

Limited... C'est une valeur de New-York... Tout culbute, résorbe, terre s'efface...

Le Romanov est capout, les Cadets avec, les Mencheviks par-dessus et leur barbe hirsute, et la Dame de Pique !... Les jeux sont faits ! Nicolas il part dans la neige, il s'en va là-bas à mille lieues avec sa famille, son petit sabre, et ses amulettes... Les masses alors comment qu'elles se sentent !... qu'elles entrent en transe et volcaniques !... C'est l'éruption des couches profondes ! la Farandole des Grands Espoirs... C'est « dix jours qui bouleversent le monde » !... Mr Lœb est bien heureux... Il s'embête pas au télégraphe !... Ses petits associés non plus... Trotsky leur file les bonnes nouvelles...

« *Lœb-Warburg Bank, New-York* ».

« *Romanov en l'air. Tout va bien. STOP. Kerensky de même effacé. STOP. Larguez encore 150 000. STOP. Triomphe assuré. STOP. Progrès en marche. STOP. Difficultés peuvent surgir. STOP. Confiant ardent vigilant. STOP. Terrible et bon œil. STOP. Trotsky.* »

On remue là-bas le grand Kahal. Tous les Cohen sont sur le pont. De Chicago à Wall-Street c'est une immense jubilation... Tous les ghettos de luxe sont aux anges, ça bouillonne dans les arrière-Loges... Les *Fraternitys* convulsent... C'est décidément l'âge promis !... Le sacrifice est emballé !... Toute la banque juive contribue... Le paquet arrive via Stockholm... Quand il parvient à Petrograd qu'on ouvre les 150 sacs, alors c'est de l'ivresse on peut le dire !... Les douze commissaires tous youpins tout autant que les Douze du malheur, ils savent ce que toucher veut dire, ils prennent pas ça pour des copeaux, ils connaissent la chanson du monde, que c'est de la bonne huile de miracle, que maintenant tout peut arriver ! Alors c'est la vogue mirifique ! La machine au Progrès elle fonce, elle ronfle, elle s'emballe, elle tourbillone au vertige, c'est une dynamo de Justice, d'égalité, de lumière, vrombissante en pleine barbaque goye ! Sept millions de bourgeois sont occis en pas deux mois de Martiales Cours. Ça déblaye drôlement l'atmosphère ! C'est autre chose que petites motions d'instituteurs pelliculeux, enchifrenés petits méchants, bilieux petits colis chafoins, mauvais coucheurs à participes, cancrelats de Cités Futures, pue-du-bec et myopes à grelots, lépreux sans ulcère, fils de clebs, conformismes de la petite aigreur, vibrions des petites eaux louches ! Mais ça alors pardon minute ! C'est du Théâtre pour Continent ! 120 millions de personnes en scène ! sans compter les morts, les blesses, les exécutés par mégarde, les sacrifiés dans les coins...

Et puis encore de la dépense, des répétitions générales, des péroreux au tarif double, des palabreurs qui sont sournois, qui se nourrissent pas de leurs hyperboles, qu'il faut éclairer de nuit et jour à coups de prébendes et triples soldes.

L'insurrection est sur les genoux quand elle a payé ses factures. Les résolutions fléchissent, les vierges rouges pâlissent un peu... C'est un gouffre « le Progrès en marche ».

Même avec la banque Warburg Kuhn, c'est venu à caner un moment. C'était une telle gourmandise, une telle boulimie dans les steppes après les fafes à Washington qu'il y eut un petit moment de bisbille, les juifs-dollars se faisaient prier... Les commissaires russes abusaient... Du coup Lénine se résorbe, il se retire un peu en Finlande... Il avait été à l'école, il connaissait le prix des ors... l'indépendance que ça vous donne... Il voulait pas être tari... Mené comme ça gentil enfant... Il voulait pas être sous Trotsky... Il tenait à ses coudées franches, plus se trouver traînard de personne...

« Revenez donc mon chère Lénine », Trotsky le relançait chaque matin... « Toute la Russie vous réclame... C'est une ferveur à votre adresse ! Les moujiks se sentent plus d'ivresse ! à la perspective de bonheur ! Revenez petit Père radieux ! Guidez nos pas vers l'autre monde ! de l'égalité justicière ! de la rédemption des damnés ! Que c'est tout cuit ! tout en musique ! Que c'est l'extase de nos Idées ! le triomphe du Progrès en marche ! Il galope plus ! Il charge ! Il vole !... On sera tous en chœur à la gare... toutes les ultimes délégations... tous les Komintern Progrozozieff... les Sans-Dieuzov... les Trogransky... Les Empouétines du Syphonieff !... Tout ça pour vous acclamer !... Arrivez cher Lénine ! Venez ! De grâce... Arrivez ! »

Mais Lénine il se gratte encore... Il sait pas trop... Il réfléchit... il est vraiment pas si pressé... Il se concerte... Il soupèse la chose... Il se promène dans Helsingfors... Il a pas tellement hâte de rejoindre... Voilà une idée qui lui monte... Il entre au Western Telegraph... Il a le serre aussi pour New-York... C'est le moment qu'il se dit de s'en servir. Et hop !... crossé le Trotsky !...

« *Kuhn Lœb et Warburg, New-York.* »

« *Damnés soulevés admirables. STOP. Mais réclament encore 100 millions. STOP. Mieux. STOP. Pour abolir Romanov. STOP. Effacer traces monarchie. STOP. Conseille envoi immédiat. STOP. À moi-même ici. STOP. Perspective Newsky nettoyée. STOP. Cosaques avec nous. STOP. Péril petit bourgeois persiste. STOP. Lénine. STOP. Fidèle et sûr. STOP. Pur. STOP. Dur. STOP.* »

C'était le coup classique, impeccable, le coup de gong au commanditaire qu'est engagé jusqu'aux ouïes, qu'est emballé par ses « avances », qui court après son pognon. Le Lœb il voulait pas être fleur, s'être mouillé et les douze tribus, ponctionné le Tout-Sanhédrin, fait cracher les plus hauts magnats des Loges et Wall-Street et puis que tout se débobine, que sa Révolution flageole, qu'elle finisse en vaste pogrom... L'horreur impossible !... Allez hop ! l'effort final ! en avant 40 de mieux ! 40 millions dollars-or !

Tout ça via Stockholm-Helsingfors pour le fin manœuvrier !

Badaboum ! Lénine encaisse ! Maintenant y avait plus à surseoir, à chichiter dans les apprêts. L'affaire solidement agencée, dessus des étais de première, pouvait plus rien craindre de personne, y avait les bases, le répondant.

C'était conçu à fer, à chaud, à or surtout. Le trésor bien planqué en fouille, le divin lest. Lénine hésite plus, il se parfait, se bichonne, s'agrémente, endosse les fringues de circonstances... le costard élimé rase-pet... le def du comptable « chez lui »... le foulard des rhumes... il est de l'emploi, ça fait vingt ans qu'il repasse le rôle... au poil... voilà « l'Homme-parole-âme-des-foules »... il entre dans l'acte comme un gant... C'est là qu'est l'intelligence !... il fonce au dur ! il s'embarque !... Takatchoum !... Takatchoum !... Petrograd !... Il tombe en pleine ébullition...

C'est le Messie qu'émerge du train... Les damnés lui boivent les paroles... Il parle plus de courants d'air... Il parle de choses qu'ont du sens... Il peut se permettre... C'est des messages... C'est des valeurs... C'est le Credo qui soulève les mondes !... les montagnes avec !... Le Blé d'Amérique est avec lui... La youtrerie passe dans ses veines. Toutes ses syllabes sont en dollars... Il a payé comptant : L'inertie des opposants, la pourriture des cadres adverses, ça devient du velours... du beurre de noisettes... C'est de l'Hydromel de Néva !... Il parle d'or quoi, c'est tout dire !... Du coup les damnés se tiennent plus... Le grand orchestre entre en délire, tous les musiciens sont payés ! La grande saoulerie gronde à plein les carrefours !... moujiks, bourriques, forçats, putains, commissaires youpis, noire mercante, tout ça farandole à mort, à pleins cadavres et c'est la fête ! c'est la nouba sur Pierre et Paul ! Dostoïewsky à la polka ! c'est le musette « Marteau-Faucille » à l'abattoir du Grand Judas. On rigole bien, on est en sang. C'est plus de la petite Carmagnole. C'est la sarabande du Tonnerre ! que Dieu lui-même est au plaisir, que le Diable lui passe les cymbales ! par Jéhovah ! c'est la grande Folle ! que tout le bastringue lui saute des poignes, que toute la Terre convulse ! virevolte ! s'écrase ! fiasque partout ! dégouline !... Que c'est plus une chose à regarder.

Mrss. Kuhn Warburg, se retrouvent une drôle de confiance, ils se régalent sur les télégrammes... ça, c'est du labeur grande cuvée ! de l'assouvissement pur carat ! On peut pas faire mieux en moins de jours ! C'est intensif, ça coûte un monde, mais nom d'Isaac, nom de foutre, c'est de l'éclair de diamant d'orgie ! C'est pas des choses à se priver quand on trésorise des milliards ! À quoi bon donc ils serviraient ?

Restait à parachever le turbin. On oubliait Romanov. Il était resté à la traîne là-bas vers Irkousk... avec Médéme et les enfants... On leur fit un sort en vitesse... Ils faisaient des prières en famille au fond de la maison Ipatieff... Ça pouvait pas durer toujours... Ils furent écrabouillés en cave... Nicolas, Médéme et ses filles... On n'en fit qu'une chair à pâté... sauf un main qu'est encore en Suisse, préservée dans un coffre-fort. Ainsi passe la vie des grands...

Et puis pour que personne n'en ignore qui s'en était occupé... Ce fut gravé en hébraïque, en forts caractères de Kabbale, en plein dans le mur, ici et là, tout près du sol, près des cadavres. « Gloire et Bonheur au Peuple Juif »... Ça commémorerait bien la chose. J'ai vu moi les photographies de ces merveilleux hyérographes. (Mission du général xxx en Sibérie).

Bien sûr y a des personnes sceptiques... Il y en a toujours... toujours eu... C'est au Diable tout ça !... les Irkousk !... Allez-y voir !... On n'est pas Tzar !... Moi non plus bien sûr... c'est certain !... Je m'en fais pour l'harmonie des rites !... Je m'en fais pour la main qu'est en Suisse !... qu'il faudra bien serrer un jour... Pour la suite dans les idées... pour la persistance du Dessein...

L e Communisme c'est le grand dada, c'est le grand cheval de bataille du juif. Une seule façon de nous en sortir : lui secouer sa cavale, sauter dessus nous autres, on peut bien.

Le bluffeur juif, sale con, fainéant, il saura même pas quoi en faire du communisme quand il l'aura. Il salopera, bouzillera tout. Il pourra pas s'en empêcher, c'est sa nature. Justice sociale pour le juif ? Lui le faisan, le Pharaon, le jeteur de poudre, le maquereau-né de l'Univers, l'hystérique satrape rebut de l'Orient, le bâtard de toutes les mystiques, l'incapable de tous les métiers, le parasite de tous les temps, l'imposteur de tous les trafics, le malagauffre tourné canaille ? C'est ça l'homme nouveau ? Ah pardon ! Ça serait drôle, ça serait un miracle, ça serait la première fois au monde qu'on verrait le juif sortir des phrases, des saloperies, des complots, pour se replier au rang commun, au tapin, réguler, correct, marner comme tout le monde, à égalité. Alors ça jamais ! Ça n'existe pas ! C'est tout le contraire de sa nature ! Chié par Moïse il tient son rang de caque supraluxe, copain qu'avec les autres chiés, en Moïse, en l'Éternel ! Il est que pourri, pourrissant. Il a qu'une chose d'authentique au fond de sa substance d'ordure, c'est sa haine pour nous, son mépris, sa rage à nous faire crouler, toujours plus bas en fosse com-mune. Qu'est-ce qu'il attend du communisme ? De nous cintrer encore plus étroit, nous garrotter d'encore plus près dans la prison juive.

Tous ouvriers, oui, mais sous lui ! Et pour quoi faire ? Sas caprices, tiens ! sa fantaisie, son apothéose de faux nègre. Y a du Louverture dans chaque juif, je les expédierais tous là-bas, moi, à Saint-Domingue, Caraïbes, ça serait un bon climat pour eux, ils verraient aux îles ce que ça donne, le communisme entre cousins, puisqu'ils veulent plus de la Palestine.

Si y avait encore un peu de moelle au fond de la carcasse des Français, ça serait le moment d'essayer, absolument entre nous, ici même, le fameux gri-gri communiste, la panacée universelle, avant que les juifs nous l'infligent, sans nous demander notre avis, pour leur triomphe et notre supplice. Ça serait prudence élémentaire, les juifs absolument exclus, autrement c'est la catastrophe, c'est la culbute aux abîmes, au reptilarium Kabalique, aux gouffres de l'arrière-pensée.

Bouffer du juif[1] ça ne suffit pas, je le dis bien, ça tourne en rond, en rigolade, une façon de battre du tambour si on saisit pas leurs ficelles, qu'on les étrangle pas avec. Voilà le travail, voilà l'homme. Tout le reste c'est du rabâchis, ça vous écœure tous les journaux, dits farouchement antisémites, qu'est-ce qu'ils cherchent au fond ? On se demande. Qu'est-ce qu'ils veulent ? la place des youpins ? Carrer là-dedans leurs chères personnes ? C'est mince comme programme. Celui qui profite d'une idée c'est déjà une sacrée salope, je veux pas croire qu'ils sont ainsi. Dans tous les cas, point de méprise, la façon qu'ils jouent de la trompette, ils peuvent s'essouffler sur ce ton, pendant des décades et des siècles, ça fera pas naître un enthousiasme dans la masse française, avancer la question d'un poil. Le Français d'abord il s'en fout, il pense au charbon, au malheur, à son charbon, à son malheur personnel, à son petit charbon à lui, à rien d'autre, le reste il s'en fout, c'est des idées, il en veut pas. Il a froid, il est gercé. Tous ces journaux préchi-prêcheurs ils en sont optimistes. Il faut ça pour un journal, c'est la tenue d'ordonnance, c'est la posture traditionnelle, c'est le ronron rotatif. Faut avoir l'air d'être sûr de soi. De voir des étoiles

---

[1] J'entends par juif, tout homme qui compte parmi ses grands-parents un juif, un seul !

dans la nuit. Quelle crampe par les temps qui courent !... Faut qu'ils déconnent, qu'ils se donnent, faut pas qu'ils se détendent une minute... C'est de la bulle, ça s'évapore... Faut pas qu'ils se marrent, ils se feraient crocher... C'est de la bulle, ça monte... la masse elle regarde, elle regarde tout, mais elle a pas envie de monter, elle redoute de se casser la gueule.

Ils sont cocasses les canards, ils se grattent un petit peu... Ça ne suit pas !... Ils sont emmerdés... Voilà des mois qu'ils essayent de faire tressaillir la viande froide... de Gaulle il en verrait des dures si il arrivait par ici !... Il se doute pas ce que c'est frigide l'enthousiasme français !... Il serait écœuré en moins de deux... Elle est morte Adèle, elle bouge plus... Qu'est-ce qu'elle veut Adèle ?... de la Patrie ? des bas morceaux ?... de la candeur ?... du naturel ?... de l'ordre moral ?... des anathèmes ?... des souscriptions ?... de la violence ?... ou des papouilles ?... des grands procès ?... des grands poètes ?... Ah ! la vache on la comprend plus... elle fait la queue, elle râle à mort... elle rentre chez elle, elle râle encore... C'est « Revendication » qu'elle a... jusqu'au tréfonds de la molécule de la pinéale du trognon... Rien ne la passionne que de râler... et puis le marché noir... où qu'on a du beurre ? des bernots ? des patates ? au Bureau de Tabac !... que la Buraliste est de Coutance, qu'elle a vu des soldats allemands, pas elle, mais sa nièce, un trop horrible vraiment spectacle, qu'étaient noyés debout dans la mer, qu'arrivaient comme ça jusqu'au bord, à cause de leurs bottes, remplies d'eau.

Ça dépasse pas ça. C'est triste. Les journaux de choc ils se ravalent, ils s'arrachent les touffes, de malaise, de se voir comme ça en quarantaine, déprisés par les masses françaises. Comme ils sont assez crânouilleux ça les fait pas réfléchir ces sourciers de la politique, ils sont pas capables. Ils ont un dada, ils s'y tiennent, ils sont là-haut, ils caracolent, ils voient pas ce qui se passe aux pavés. Qu'ils vont tout prendre dans la gueule en affreuses tornades un de ces jours. Faut pas être un grand astrologue pour présager des choses pareilles. Dans le mou, dans le vide, ils continuent, toute leur carrière en dépend, les juifs par-ci ! les loges par-là !... Mais ça l'intéresse pas le public !... Comme on dirait de moins en moins ! Ils bravent alors l'adversité, ils hurlent à contre-courant, ils ameutent le souscripteur... « Le mouvement prend de plus en plus d'ampleur... passionne de plus en plus nos foules... les villes, les campagnes... nos masses entrent en effervescence ! elles exigent la mort des maçons !... des youpins ! de leurs créatures ! qu'ont mis la France dans cet état ! Dans cette position trop atroce !... Dans ces draps infâmes !... »

Mais c'est pas vrai ! les arracheurs ! les masses elles demandent rien du tout, elles gueuleraient plutôt « Vivent les Juifs ! » qui savent bien mieux promettre la Lune. Ça fait rien, qu'ils disent nos apôtres, faut pas rester sur des échecs, faut pas avoir l'âme de vaincu, un journal c'est fait pour tourner, c'est une feuille d'espoir qui se vend, qui ne fait de mal à personne, hurlons Noël, il arrivera ! C'est du Coué à la petite semaine. Ça serait peut-être honnête de se rendre compte...

Le peuple il est pas anti-juif, il est judéophage, il veut bouffer que du bourgeois, du bourgeois qu'il connaît bien, son idéal, son modèle, son patron direct, qu'est du même chef-lieu de canton, du même bled, du même village, qui parle son patois si possible, son frère français qu'a réussi, il est fratrophage, le Français, pas mangeur de juif pour un sou. Le juif il est pas en question, l'antisémitisme c'est un blase, l'invention canaille des bourgeois et de leurs suppôts pour dériver le pauvre peuple, ses trop légitimes fureurs sur un innocent. Mais le peuple ne marchera pas, il sait trop bien à quoi s'en tenir ! il est éclairé ! « Le Juif est un homme méritant, c'est un homme à épargner, c'est un homme persécuté par le capitalisme nazi, un homme qu'on essaye de salir avec ses balivernes racistes, l'anti-juif c'est un cagoulard, un ennemi du prolétariat, un fasciste larbin des patrons, des gros, des trusts, des Wendel. »

Et puis voilà, et puis c'est tout.

On retourne à la question des ronds. La grande question des temps qui courent. Le juif il est mystérieux, il a des façons étrangères, il est international, il joue la misère, il a son pognon pas visible, il a plus ou moins un accent, et donc du prestige, tandis qu'Arsène le frère de lait qu'a réussi comme passementier, « Jerseys, macramés en tous genres » qu'est né dans la rue des Bézives, trois maisons après la Poste, parlez-moi de celui-là comme salope ! qui se carre à présent en bagnole, qu'a sa villa à la mer, qu'a une bonne pour ses deux enfants, voilà un qu'est intolérable ! la vraie charogne à abolir ! Moi j'y vois pas d'inconvénient. Vous en voulez du communisme ? Youp ! Laridon ! Servez chaud ! Vous serez fatigués avant moi ! Je vais pas défendre Arsène bourgeois, crougnotteux, dégueulasse, néo-youtre, tartufe, bas « peutt-peutt ». Jamais ! Effacez-moi cette infection ! Son exemple empoisonne tout. Ça devrait être fait depuis longtemps. Ni Caliban, ni Ariel, c'est un fumier où rien ne pousse. Aryen pourri vaut pas mieux que juif, peut-être un peu mois.

Tout ça nous avance pas bezef... que faire du Lion populaire ? On sait plus comment le travailler... On voudrait le doper un petit peu, lui redonner un peu de fringance, de l'appétit pour les grandes choses, le goût des hauts sentiments... Il renâcle, il veut pas de vos salades, ce qu'il veut c'est bouffer du bourgeois, c'est ça qui lui dit, qui l'incite... Ça le rend tout mélancolique qu'on l'empêche de déjeuner... Il en veut pas de vos bagatelles le Lion populaire ! de vos pâles persils, de vos bulles d'idées, il veut de la barbaque et de la chaude, du capital bourgeois replet, des fines paupiettes, de dodues couennes... Oh ! Il est canaille... Il veut bouffer même le vison, les mules en croco à Médéme à 1 225 francs la paire. Il veut tout ça, il veut tout, c'est promis depuis Mai 36.

Personne qu'a pu le remettre en train ni pour la guerre, ni pour la paix. Il est envieux, il est sournois, il bave, il est des plus mauvais en cage, il fait plus honneur à personne, il est plus montrable. C'est une bête devenue impossible. Il veut dévorer son bourgeois. Mais donnez-lui donc nom de Dieu ! Voilà 12 siècles que ça mijote ! C'est le moment ou jamais ! Voulez-vous donc des catastrophes ? Le juif a préparé la chose, tant pis pour vous, tant pis pour nous ! Le goût lui passera peut-être au populo de la bourgeoisie si il peut s'en mettre jusque-là... à tant et plus et davantage ! Il verra ce que c'est le bonheur !

C'est comme ça chez les confiseurs, on interdit pas aux demoiselles, aux nouvelles vendeuses de goûter à leur marchandise. Au contraire on les encourage. « Mais prenez-en ! prenez-en donc ! Tapez dans tous ces beaux bocaux ! Régalez-vous en bien !... » Au bout de huit jours elles en veulent plus, elles sont guéries pour l'existence. Elles savent ce que c'est que les bonbons.

Le bourgeois malgré sa prétention, il est pas toute l'Histoire du Monde, il est qu'un moment à passer. Faudra bien qu'on le mange comme le reste, du jour qu'il sera vraiment mûr. Faut pas qu'il demande des impossibles, des prolongations arbitraires, des délais indus. Y a des temps comme ça fatidiques, des heures qui sonnent au cadran. À vingt ans on marie ses filles, à 1942 ans la société croque ses bourgeois. Ils sont à l'engrais depuis une paye. Ils sont même déjà en conserve. C'est un service qu'on va leur rendre. Ils souffriraient en insistant. Ils commencent à manquer de tout.

Pour le peuple le Communisme c'est le moyen, l'astuce d'accéder bourgeois illico, à la foire d'empoigne. Sauter dans les privilèges, tranquille, Baptiste une fois pour toutes.

La Cité future pour Popu c'est son pavillon personnel avec 500 mètres de terrain, clos soigneusement sur quatre faces, canalisé si possible, et que personne vienne l'emmerder. Tout ça enregistré devant notaire. C'est un rêve de ménagère, un rêve de peuple décadent, un rêve de femme. Quand les femmes dominent à ce point, que tous les hommes rêvent comme elles, on peut dire que les jeux sont faits, que grandeur est morte, que ce pays tourné gonzesse, dans la guerre comme dans la paix, peut plus se défendre qu'en petites manières, que les mâles ont plus qu'à entrer faire leur office de casseurs, saillir toutes ces mièvreries, abolir toutes ces prévoyances.

Ça sera-t-y des jaunes? des blancs? des noirs? des purs? des compliqués? Est-ce qu'on périra dans la noce? C'est bien possible, c'est même probable.

Toujours est-il que ça sera des hommes et des butors, des dominants qu'iront pas demander aux grand'mères comment faut rêver dans la vie, qui seront disposés comme des ours.

Plus con que le Français ? Vraiment n'est-ce pas, c'est impossible ? Et surtout l'intellectuel ? Littéralement enragé dès qu'il s'agit de déconner dans le sens juif. Un snob masochiste. Et y a pas de race ! Et y a pas de juif ! Et moi par-ci ! Je sais ceci ! Et peutt-peutti ! Et peutt-peutta ! Je sais cela ! Je suis un as du scepticisme ! Ah ! Gobineau quel jobard ! Ce Montandon, quel farceur ! Et le Michelet, quel vendu ! Et que je t'embarque tout détonant en pleine déconophonerie buse ! phénoménal époustouflant à cent mille bords canonnant de cent mille bourdes ! et toujours à contre cause, contre les siens, contre son sang, et toujours pour la gloire du juif, son apothéose, son génie, sa prééminence hors de doute. Toujours un petit juif là dans le coin, tapi, goguenard, qui se tâtonne... épie le goye en ébullition... maintenant rassuré se rapproche... voyant l'objet si bien en feu... passe la main sur ce joli con !... l'encourage, l'asticote, caresse, lui lisse le poil, l'envers... l'endroit... jubile... Ah ! le bon aryen toujours le même, toujours semblables à lui-même, toujours prêt à faire jouir son juif ! Ah ! qu'il est franc ! Ah ! qu'il est voué ! Ah qu'il est juteux à la mort ! Et qu'il se remet en action, le joli con, requinqué de si chaude étreinte, d'humanitaire compréhension.

« Ah ! Nom de Dieu ! Y en a pas de race ! Y a pas de juif non plus, Bordel sang ! Qu'est-ce que c'est qu'un juif ?

Quel bobard ! Quelle crasse abomination ! Quelle saloperie des fascistes ! C'est pas la honte de notre époque de voir des dinausaures [sic] pareils ? du sang des victimes dégouttants ! tout englués de cœur d'apôtres ! foulant, broyant, écartelant la substance même de vérité ! la chair lumineuse et musique ! »

Le petit juif s'il en boit ! Il se tient plus de violente extase, il en part tout seul dans son froc ! de voir comme ça, le si brave homme si bien disant ! si bel d'enthousiasme ! si épris ! à plus reconnaître de ferveur ! que ça le transpose, l'enivre fol ! d'être positif qu'y a plus de races ! Ferré là-dessus, inépuisable, qu'il est dans le triomphe de baver ! qu'il peut aller tire-larigo [sic] ! carafouille à perdre l'âme...

« Moi ! voyez-vous ! moi ! moi ! moi ! moi je dis que ! que ! que ! et patati et patata ! La race-ci !... la race-là ! la race qua ! qua ! qua ! qua !... n'a pas ! n'a pas ! n'a pas ! n'a pas !... » qu'il est une race à lui tout seul, une race de « moi ! moi ! moi ! moi ! moi ! »... Dix-huit millions de cons dans un seul.

Tout ça bien sûr je vous comprends, c'est très joli, c'est distingué, ça fait rare, ça fait raffiné, de se chercher, de se trouver une race, de mettre en valeur sa lignée, l'esprit, les beautés de l'ethnie. Hé ! hé ! Voilà qui nous sort du commun ! qui vous parfume fort son d'Hozier ! Nous taquinons l'élevage de luxe ! la haute sélection ! le grand club ! où allons-nous ?... Ceci nous éloigne des misères...

Que trouvez-vous en « la française », en cette façon, de si précieux à préserver ? Le Monde serait-il appauvri de quelque beauté essentielle si elle venait à disparaître ? Tout et bel et bien engloutie sous les copulations d'afro-asiates ? Peut-être...

Hélas, que j'ai honte d'avouer... Que vois-je ?... Que sens-je ?... Point de grand-chose à pavoiser, propice à bouillonner la foule... Ce n'est rien... c'est même un ton, un petit sourire de gaîté, tintante à la source, toute furtive, espiègle aux mousses, filante au gué...

Ô bonheur de qui l'admire, l'écoute et se tait ! ne ternit la joie si fragile de se montrer riante à vous, fantastique et frêle comme l'enfance, éternelle, féerique au cœur... C'est la précieuse magie qui monte du sol et des choses et des hommes qui sont nés de là...

Venez ici... Venez là... écoutez ci...

Assommez croassante bêtise ! mégère impostière Furie ! Virago vinassière puante ! Venez ici... entendez là... alouette filante aux cieux ! Gai ! Gai ! plus haut ! droit à l'azur ! et preste et vive d'un fin trait ! tout enchantante votre jour... libre vaillante allègre fragile... emportée de joie... furtive aux étoiles là-haut... blêmes au matin... Voici de gentille gaîté ! plus légère que toute !... mieux de chez nous... qu'à toutes je préfère... point crispée comme la godon... éclatante comme l'italienne... gaîté d'abord ! Gaîté c'est tout !... Je veux des chants et des danses... Je ne me soucie de raison... Qu'ai-je faire d'intelligence, de pertinence ? de dessein ? n'en ai point ! L'Univers non plus... César chagrin ne me froisse parlant aux autres de nous ! « Ils promettent, ils rient, tout est dit. » Tant pis !

Que me fout Mr Ben Montaigne préchi-précha, madré rabbin ?... Il n'est point la joie que je cherche, fraîche, coquine, espiègle, émue... Combien à lui je préfère... Couperin du « Coucou »... Christine des virelais... Gervaise des branles !... Je voudrais mourir de rire, mais légèrement... Bellay m'est plus cher que Racine pour deux trois vers... Je veux bien larmoyer un peu mais en dansant... Je suis de la « troupe volage »... Les sanglots d'Iphigénie m'ennuient... Hermione est obscène et s'écoute...

Sombres histoires de cul.

Mr Montaigne n'est point lyrique et c'est un grand crime à mes yeux, il fabrique ses sournois Talmuds, ses gros manuels du « Parfait Juivre », à crougnotter dans la tiédeur, dans la dégonflerie captieuse, à cent mille bonnes raisons pour une... L'Horreur !...

Le grand besoin d'être touché... tout divinement allégé... de soi perclus, gris et souci !... emporté tout vif !... à la ronde ! sur les nuées qui passent volages !... N'en parlons plus !

Je n'ai point besoin de sermons, mais de délivrance légère et tous ceux de mon sang de même... point ne vaut vivre sans caprices... frivoles et déraisonnants... Méchant qui nous tance ! Danser nous voulons ! Nul de nous bien apte à raison... mais gentiment bien prompt a rire et danser de même... à musique de notre essor... L'enthousiasme tient à peu de chose... au jet d'une alouette au ciel... à la joie menue qu'elle éprouve... là-haut, tout là-haut pour nous... gaîté vole, vive apeurée... de lourdes hontes survenues... morfondues...

Ah ! remportez-nous ces torrents ! Ces avalanches de sagesse !... Las !... nous noyons dessous Sçavoir [sic] !...

Tout cela nous gâche et nous tue...

Que notre gaîté s'éteigne et les dieux mêmes seront contrits... Las ! les cieux seront lors plus lourds...

Nous voulons vivre sans connaître... Nous voulons bien mourir de rire... le plus frivolement... si possible...

Que nous hante encore le Destin ?... âpres raisons aigres marmonnent...

Gaîté seulement nous sauvera, non point l'usine ! ni plan de ceci, ni cela, ni grognonnages de balourds, ni stratagèmes de ruffians mâtinés cuistres, rafistolages en béton de « Toureifèles » en fourniments, Trusts en Concerns, grands [sic] calamités tayloriques, délires Pyramides, puants mastodontes à fatras, écrasant nos vies statistiques sous Déluges-fontes-agglomérés, délectations paranoïdes. Mort à tous fours et cheminées !

Choyons, fêtons notre musique, nôtre ! qui nous fera voguer jolis par-dessus les horreurs du Temps d'un bel et frais et preste essor ! à notre guise ! notre caprice ! fifres ! clarinettes ! grêle tambour ! Embrassons-nous ! À gros bedons point de mercy ! À grimaces aigres : sacrifices ! médecine de chiens !

Il faudra bien solder la danse ! me damne ! les musiciens de notre choix ! Qui payera ? Les riches bien sûr ! Ils sont venus jusque sur nous du fond des siècles, tout exprès pour nous régaler, nous égayer de leurs largesses ! En doutiez-vous ?

Ah ! retrouvons notre gaîté ! où se cache-t-elle ? Dessous les sous ? Partageons-les ! Ah ! l'Univers sera surpris lorsqu'il apprendra que Français partagent pécune ! Cela ne s'était jamais vu ! Ah ! retrouvons notre gaîté ! Ah ! volons tous au sacrifice ! Ah ! Plus de mines morfondues ! gai ! gai ! polkons ! tous au partage !... Pourquoi le peuple a-t-il perdu ses francs rires et couplets ? Les ronds ! les ronds ! question résolue ! Harpagon pendu !

Ah ! certes bien chaud partisan de justice sociale. Il faut faire régner la justice, et tout de suite et pas dans dix ans ! Nom de Dieu ! Ça va assainir l'atmosphère, purger les rancunes ! Il faut faire régner la justice, la vengeance des opprimés, non parce que ça leur fait plaisir, mais parce que c'est la guérison, le baume des jaloux, des envieux, des enragés de pognon, de tout le monde en somme aujourd'hui, de la société tout entière qu'a plus une idée hors du pèze, le bourgeois pour qu'il se barre pas, le pauvre pour lui calotter.

C'est la maladie unanime, faut opérer ça d'un seul coup ! inciser l'abcès long et large ! que ça dégorge qu'on en parle plus !

Tant qu'on aura pas ouvert Pognon, on a rien fait de sérieux, méchants cautères sur pourriture, marché noir et compagnie, tralalas foireux, clarinettes...

C'est pas de discours qu'il s'agit, ni d'ordre moral, ni de Police, d'élections non plus, c'est Gros Sous qu'il faut opérer, vider sa poche, débrider, amener tout ça au soleil. C'est de l'hygiène sans patchouli, nettoyer le cul de la Sociale, après elle pourra se faire coquette. Telle quelle c'est une infection, une hideur bien décourageante, que c'est même plus à en rire, que c'est vraiment plus rien du tout.

La Révolution moyenneuse ? Comment l'allez-vous faire belle face ?

Je décrète salaire national 100 francs par jour maximum et les revenus tout pareillement pour les bourgeois qui restent encore, bribes de rentes, ainsi je n'affame personne en attendant l'ordre nouveau. Personne peut gagner plus de 100 balles, dictateur compris, salaire national, la livre nationale. Tout le surplus passe à l'État. Cure radicale des jaloux. 100 francs pour le célibataire, 150 pour les ménages, 200 francs avec trois enfants, 25 francs en sus à partir du troisième môme. Le grand salaire maxima : 300 francs par jour pour le Père Gigogne. Ça sera une extrême exception, la moyenne 70-100 balles.

Forcément y en a qui fument, qui trouvent que c'est pas juste du tout, les ceusses qui gagnent pas leurs cent francs... Pardon ! pardon ! Tout est prévu ! 50 francs salaire minimum, 75 marié, 100 francs les pères de famille avec trois enfants au moins. J'ai pensé à eux.

Plus de chômage bien entendu. Comment vous supprimez ça ?

Je nationalise les Banques, les mines, les chemins de fer, les assurances, l'Industrie, les grands magasins... C'est tout ? Je kolkozifie l'agriculture à partir de tant d'hectares, les lignes de navigation, je ramasse le blé, les froments, l'élevage des génisses, et les cocottes avec leurs œufs, je trouve du boulot pour tout le monde. Et ceux qui veulent pas travailler ? je les fous en prison, si ils sont malades je les soigne.

Comme ça y aura plus d'histoires, faut que tout le monde y passe, les poètes je m'en occupe aussi, je leur ferai faire des films amusants, des jolis dessins animés, que ça relèvera le niveau des âmes, il en a besoin. Une fois qu'on est sorti de la tripe, de l'obsession de la boyasse, tous les petits espoirs sont permis.

Faut pas du grand communisme, ils comprendraient rien, il faut du communisme Labiche, du communisme petit bourgeois, avec le pavillon permis, héréditaire et bien de famille, insaisissable dans tous les cas, et le jardin de cinq cents mètres, et l'assurance contre tout. Tout le monde petit propriétaire. Le bien Loucheur obligatoire. Toujours les 100 francs maxima, les maridas à 125, les grosses mémères à 150. Ça fera des discussions affreuses, du bignolage perte d'ouïes, un paradis pour ménagères, on arrêtera plus de jaboter à propos des profiteurs qu'ont des 4 et 5 enfants, mais ça aura plus de conséquences, ça pourra pas soulever les masses des différences de 25 francs.

Votons mesquin, voyons médiocre, nous serons sûrs de pas nous tromper. Voyons le malade tel qu'il se trouve, point comme les apôtres l'imaginent, avide de grandes transformations. Il est avide de petit confort.

Quand il ira mieux ça se verra, on pourra lui faire des projets, des grandes symphonies d'aventures, nous n'en sommes pas nom de Dieu ! Si on le surpasse il va en crever, il va s'écrouler dans son froc, il va débiner en lambeaux, il va se barrer en jujube, il tient déjà plus lerche en l'air... Il est vérolé d'envie comme le bourgeois d'avarice. C'est le même microbe, même tréponème.

C'est ça qui leur donne des abcès, qui les torture, les grimace.

Les opérer tous les deux, ensemble, d'un même bistouri, c'est Providence et charité, c'est la résurrection sociale.

Ils sont trop laids à regarder, tels quels, convulsant dans leur merde, il faut agir, c'est un devoir, c'est l'honnêteté du chirurgien, une toute simple, fort nette incision, presque pas sanglante, une collection fleur à peau, archi-mûre... un petit drain... quelques pansements... et puis c'est tout... huit à dix jours...

Moi j'aime pas les amateurs, les velléitaires. Faut pas entreprendre un boulot ou bien alors il faut le finir, faut pas en laisser en route, que tout le monde se foute de votre gueule...

Si on fait la révolution c'est pas pour la faire à moitié, il faut que tout le monde soye content, avec précaution, douceur, mais avec la conscience des choses, qu'on a rien escamoté, qu'on a bien fait tout son possible.

Quel est l'autre grand rêve du Français ? 99 Français sur 100 ? C'est d'être et de mourir fonctionnaire, avec une retraite assurée, quelque chose de modeste mais de certain, la dignité dans la vie.

Et pourquoi pas leur faire plaisir ? Moi j'y vois pas d'inconvénient. C'est un idéal communiste, l'indépendance assurée par la dépendance de tout le monde. C'est la fin du « chacun pour soi », du « tous contre un », de « l'un contre tous ». Vous dites : Ils fouteront plus grand'chose. Oh ! C'est à voir... On en reparlera... Je trouve ça parfaitement légitime que le bonhomme il veuille être tranquille pour la fin de ses jours. C'est normal... et la sécurité de l'emploi... c'est le rêve de chacun. Je vois pas ce que ça donne d'être inquiet, j'ai été bien inquiet moi-même, j'en ai t'y mangé de la vache ! Je crois que je suis un champion de la chose, j'ai tout de même ça en horreur. Je vois pas à quoi ça peut servir pour le relèvement de la Sociale, la marche agréable du Progrès, de se casser le cul effroyable, d'en chier comme trente-six voleurs, sans fin ni trêve, les consumations par l'angoisse que c'est du crématoire de vie.

C'est toujours des douillets nantis, des fils bien dotés d'archevêques qui vous parlent des beautés de l'angoisse, je leur en filerai de la voiture, moi ! de la sérieuse voiture à bras, et poil, certificat d'étude ! à l'âge de 12 ans ! je te leur passerai le goût de souffrir !

Le juif il veut bien tout ce qu'on veut, toujours d'accord avec vous, à une condition : Que ce soit toujours lui qui commande.

Il est pour la démocratie, le progrès, toutes les lumières, du moment que ça va dans son sens.

Grandes étiquettes et crapuleries.

La formule lui est bien égal, il se débrouille toujours, pourvu que ce soit lui qui commande, en définitive, par personnes interposées, par missions occultes, par les banques, par le suffrage universel, par les semi-juifs, par les maçons, par les mariages dynastiques, tout ce qu'on voudra, et les Soviets, pourvu que ce soit lui qui commande.

Il fabrique aussi bien son beurre dans les monarchies nordiques que dans les Kominterns kalmouks ou dans les Loges du Mexique. Il est à son aise partout pourvu que ce soit lui qui commande, abandonne jamais les ficelles.

Il chante la chanson qu'on voudra, dansera sur toutes les musiques, gigottant [sic] avec les singes, hurlant avec les pauvres loups, zigzaguant avec les serpents, imitant tous les animaux, toutes les races, tous les passeports, pourvu que ce soit lui qui commande.

C'est un mimétique, un putain, il serait dissous depuis longtemps à force de passer dans les autres, s'il avait pas l'avidité, mais son avidité le sauve, il a fatigué toutes les races, tous les hommes, tous les animaux, la Terre est maintenant sur le flanc, rendue par ses tripatouillages, il est pas encore rassasié, il emmerde toujours l'Univers, le Ciel, le Bon Dieu, les Étoiles, il veut tout, il veut davantage, il veut la Lune, il veut nos os, il veut nos tripes en bigoudis pour installer au Sabbat, pour pavoiser au Carnaval. Il est fol, à lier complètement, c'est qu'un absurde sale con, un faux sapajou hystérique, un imposteur de ménagerie, un emmerdant trémousseux, crochu hybridon à complots. Il nous escorte c'est le malheur, c'est le monstre qui colle, l'Horreur chez soi, il est monté dans la nef à la place d'un vrai animal.

Il veut plus jamais nous quitter du moment que c'est lui qui commande.

On le vire de la barre ?... on peut plus... on en a marre d'intervenir... Il hurle trop fort quand on le bouscule... Il a fatigué tout son monde... Il faut que ce soit lui qui commande...

Le juif il a peur de rien... Il a peur seulement que d'une chose : du Communisme sans les juifs.

Le bonheur sans Marx et ses fils... Ça alors c'est la fin du monde...

C'est le renversement des vapeurs. C'est l'explosion du Soleil. C'est le suicide du haricot.

Je vois venir les « jeunes redresseurs »... comme ci... comme ça bureaucrates, pleins de virulences et d'entregent, prêchi-prêcheurs... pleins de bonne foi, de pétulance... Qu'ils ont du Travail plein la gueule, et du flan aussi... Le Travail-salut ! le Travail-fétiche ! Travail-panacée-des-tordus ! Le Travail remède la France ! Travail toutes les sauces !... Les masses au Travail ! bordel foutre ! Les pères au travail ! Dieu au travail ! l'Europe au travail ! Le Bagne pour tous ! Les fils au travail ! Mémères au boulot ! Faut que ça fume ! La grande ivresse des emmerdeurs ! L'intention est excellente... mais faut penser aux « pas abstraits », à ceux qui vont trimer la chose... ceux qui sont pas dans les bureaux en train de se griser de statistiques, d'épures prometteuses... Ceux qui vont les exécuter les hauts projets mirobliques, qui vont se farcir les mornes tâches au fond des abîmes de charbon... qui vont s'ahurir à la mort autour des chignolles tréfileuses dans le bacchanal âcre des fabriques, toute la vie dans le relent d'huile chaude. C'est pas marrant le tangible...

Pardon !... Pardon !... faut réfléchir !... faut se demander où ça nous mène ?... si tout ça c'est pas l'imposture, une façon de se débarrasser... On dit que la machine rend méchant... le contraire serait une rude surprise. C'est anti-humain au possible de foutre comme ça dans les rivets, les générations montantes, les mitoyennes, les fléchissantes, dans les enfers de quincaille pendant des jours, des années, toute la vie... sans issue probable... sans musique... l'hôpital à la fin de vos jours.

Qui va là-dedans pour son plaisir ? Sûrement pas nos chers visionnaires, nos gentils ardents redresseurs, tout épargnés par leur culture, leur bel acquit, leur position.

L'usine c'est un mal comme les chiots, c'est pas plus beau, pas moins utile, c'est une triste nécessité de la condition matérielle.

Entendu, ne chichitons pas, acceptons vaillamment l'usine, mais pour dire que c'est rigolo, que c'est des hautes heures qu'on y passe, que c'est le bonheur d'être ouvrier, alors pardon ! l'abject abus ! l'imposture ! l'outrant culot ! l'assassinat désinvolte ! Ça vaut d'appeler les chiots un trône, c'est le même genre d'esprit, de l'abus sale.

Bien sûr on peut pas supprimer, l'usine dès lors étant admise, combien d'heures faut-il y passer dans votre baratin tourbillant pour que le boulot soye accompli ? toutes les goupilles dans leurs trous, que vous emmerdiez plus personne ? et que le tâcheron pourtant crève pas, que ça tourne pas à sa torture, au broye-homme, au vide-moelle ?...

Ah ! C'est la question si ardue... toute délicate au possible. S'il m'est permis de risquer un mot d'expérience, sur le tas, et puis comme médecin, des années, un peu partout sous les latitudes, il me semble à tout bien peser que 35 heures c'est maximum par bonhomme et par semaine au tarabustage des usines, sans tourner complètement bourrique.

Y pas que le vacarme des machines, partout où sévit la contrainte c'est du kif au même, entreprises, bureaux, magasins, la jacasserie des clientes c'est aussi casse-crâne écœurant qu'une essoreuse-broyeuse à bennes, partout où on obnubile l'homme pour en faire un aide-matériel, un pompeur à bénéfices, tout de suite c'est l'Enfer qui commence, 35 heures c'est déjà joli. La preuve c'est qu'on voit pas beaucoup des jeunes effrénés volontaires s'offrir à la conduite des tours, des fraiseuses racleuses chez Citron ou chez Robot C°, pas plus que de commis éperdus mourant d'adonner leur jeunesse à l'étalage chez Potin. Ça n'existe pas. L'instinct les détourne.

Attention à forcer l'instinct ! C'est ça qui nous rend impossible ! Malheureux indurés canailles, qu'on sait plus par quel bout nous prendre, culs-de-jatte sur tabourets d'horreurs, chevillés aux cent mille chignolles, tordus complotiques à binocles, myopes de régularité, monotones à dégueuler. Taupes de jour.

Il faudrait rapprendre à danser. La France est demeurée heureuse jusqu'au rigodon. On dansera jamais en usine, on chantera plus jamais non plus. Si on chante plus on trépasse, on cesse de faire des enfants, on s'enferme au cinéma pour oublier qu'on existe, on se met en caveau d'illusions, tout noir, qu'est déjà de la mort, avec des fantômes plein l'écran, on est déjà bien sages crounis, ratatinés dans les fauteuils, on achète son petit permis avant de pénétrer, son permis de renoncer à tout, à la porte, décédés sournois, de s'avachir en fosse commune, capitonnée, féerique, moite.

La France elle a des ennuis.

Elle va crever d'à peu près tout, des juifs, des maçons, de l'Angleterre, de la défaite militaire, de bisbille celtique éperdue, de prétentions cacochymes, de la haine des uns pour les autres, de l'égoïsme capitaliste, et cœtera et couetera... Elle va crever qu'elle manque d'essence, de coton, de cuivre et de froment...

Elle va périr enfin surtout qu'elle produit plus assez d'enfants, c'est l'œuf de Colomb par le fait : plus d'enfant, plus de France... Au taux actuel c'est des plus simples, dans 20 ans y aura plus de jeunesse... y aura plus chez nous que des vieillards, des emphysémateux à bosses... La question sera donc résolue en même temps que les autres... France éternelle aura vécu... de tours de vache en discours, de folles saignées en clarinettes... Pas besoin de se casser la tête... Les problèmes d'asile de vieillards c'est du ressort de l'Économat, y a plus besoin de Premier Ministre... des suppositoires... du tilleul... On est donc au bout du rouleau. C'est de la pénurie vitale... C'est la poule qui ne veut plus pondre... Ah ! la déprimante conjecture ! De quoi morfondre bien des Sénats ! Bien sûr y a le Code de la famille ! Mais qu'il est étique et râleux ! chafoin ! Je crois pas qu'il fasse bander personne...

Et c'est pourtant de ça qu'il s'agit... Beaucoup de papier, peu d'enthousiasme. Faut se mettre à la portée du monde... Vous parlez d'un fringant passé !... Tout en catastrophes écœurantes... Verduns pour rien... Gloire pour les prunes... Impôts pour les youtres, les anglais... la Ceinture française tous les jours... jamais pour nous les chaussures !... toujours pour les autres !... Salut ! Vous avez dégoûté la bête. Vous parlez d'un joli présent... Vous parlez d'un jouissant avenir... que du boulot, des sacrifices, des charogneries à perte de vue... C'est pas un programme bandochant... Vous vous rendez compte ? On en a sué 400 milliards pour parvenir où nous en sommes... sur les genoux... en bas d'une autre côte... C'était aussi un grand projet bien patronné par toute l'élite, la fine fleur des hautes maçonneries... à quel renfort de zimboum ! boum !...

Quelles pâmoisons ventriloques !...

Quels sacrés jurements au bonheur ! quelles culotissimes assurances ! Et de quels hommes ? Presque les mêmes... les bulles encore au coin de la gueule... C'est donc le tout à recommencer ?...

Minute ! Vous permettez qu'on se gratte... qu'on se demande où ça va conduire votre nouvelle enfourcherie de dada... qu'on se demande dans votre aventure qu'est-ce qu'on va lui faire au têtard ? C'est ça qui nous intéresse... Quels tours de fumiers tout ça couve ?... Des championnats de la maigreur ?... Va-t-on battre les Russes... les Berbères... au Grand Steeple de la Privation ?...

Prévenez-nous tout de suite...

Faut vous faire encore des enfants ?

Ça vous suffit pas les vieillards ? Ah ! Ça va mal ! Mieux vaut l'admettre. La confiance se cache, les enfants aussi, ils restent au fond des entrailles.

L'entrain à la vie n'est plus là.

Ça se voit en tout, dans nos grimaces, nos façons gercées... Crédit est mort une fois pour toutes.

Pas de sécurité pas de famille ! Plus de légèreté, plus de grâce, dans les mouvements, dans les cœurs...

Sans enfants plus de gaîté.

Comment rendre la confiance à tous ces gens sourcilleux, revêches au déduit, noués de partout ?...

Je crois par un autre code de la Famille, mais alors beaucoup plus vivace, plus ample, bien plus généreux, pas un code de ratatinés discutailleux préservatifs. Mais non ! Mais non ! Un vrai code, qui comprendrait tout, bêtes, biens et gens, enfants et vieillards de France dans la même famille, les juifs exclus bien entendu, une seule famille, un seul papa, dictateur respecté. Une famille donc respectable où y aura plus du tout de bâtards, de cendrillons, de poil de carotte, de bagnes d'enfants, « d'Assistance », où la soupe serait la même pour tous, où y aurait pas d'enfants de riches, des tout dodus et les petits maigres, des qui s'amusent, d'autres qui la pilent. Ça va vraiment plus une société bâtie comme la nôtre, faut mieux qu'elle s'efface, c'est comme une chienne qu'est trop vicieuse, c'est normal qu'on s'en débarrasse.

Tout le monde à la même école ! Les familles réunies, en somme, toutes les familles dans une seule, avec égalité des ressources, de droit, de fraternité, tout le monde au salaire national, dans les 150 francs par jour, maximum, le Dictateur 200 points pour lui faire spécialement honneur, encore qu'il soit bien entendu qu'on ira pour sa livre « extra » le taper plus souvent qu'à son tour, question de bien lui rappeler la vie, qu'il en chiera comme un voleur, que c'est le rôle des pères de famille.

Faut recréer tout ? alors parfait ! Mais faut pas se perdre dans les prostates, faut recommencer tout de l'enfance, par l'enfance, pour tous les enfants. C'est par là que le racisme commence et le vrai communisme aussi, à l'enfance et pas ailleurs, par la gentillesse unanime, l'envie que toute la famille soit belle, saine, vivace, aryenne, pure, rédemptrice, allégrante de beauté, de force, pas seulement votre petite famille, vos deux, trois, quatre mômes à vous, mais toute la famille bien française, le juif en l'air bien entendu, viré dans ses Palestines, au Diable, dans la Lune.

On se fout des enfants des autres ! Ça suffit bien d'élever les siens ! Chacun voit midi à sa porte ! Il faut que ça cesse ce genre hideux, une fois pour toutes ! que ça devienne incompréhensible cet égoïsme ès berceau. Il faut que les enfants des autres vous deviennent presque aussi chers, aussi précieux que les vôtres, que vous pensiez aussi à eux, comme des enfants d'une même famille, la vôtre, la France toute entière. C'est ça le bonheur d'un pays, le vrai bouleversement social, c'est des papas mamans partout. Le reste c'est que des emmerdements, des abracadabrantes combines, des fourbis chinois, des pitreries d'orgueil, hagard, absolument contre nature, qui peuvent finir qu'en catastrophes.

Racisme c'est famille, famille c'est égalité, c'est tous pour un et un pour tous. C'est les petits gnières qu'ont pas de dents que les autres font manger la soupe. Au sort commun pas de bâtard, pas de réprouvés, pas de puants, dans la même nation, la même race, pas de gâtés non plus, de petits maîtres. Plus d'exploitation de l'homme par l'homme. Plus de damnés de la terre. C'est fini. Plus de fainéants, plus de maquereaux non plus, plus de caïds, plus d'hommes à deux, trois estomacs.

Le marxisme est bien emmerdé, on lui secoue son atout majeur : le cœur froid des hommes.

C'est la famille qui réchauffe tout, c'est plus le pognon qui l'unit, c'est la race, c'est plus le pognon qui la divise, y en a plus. C'est tout le pays familialement recréé à 100 francs par jour.

La maîtresse richissime d'un de nos présidents du conseil, actuellement en prison, fut paraît-il à l'origine, à l'inspiration des « décrets de pudeur » récemment promulgués.

Outre ! Décrets d'offusquerie ! de protection soi-disant de la morale et des familles !

Bouffre ! que voici la tartuferie dans tout son odieux faux-fuyant ! sa dégueulasserie bourrique ! toujours cavetante aux Parquets ! (comme les communistes) pour dériver les griefs, détourner la foudre sur quelques piteux qu'en peuvent mais...

Ah ! le fameux tableau de chasse ! comme ça va relever les familles quand on aura cintré trois cloches, trois plumiteux en mal de terme, qu'auront ressorti les filles de Loth, et puis deux, trois petits maniaques qui se font du mal au martinet !... Malheur ! Ça leur fera des belles cuisses aux familles françaises !

Madame, j'aurais des choses à dire si vous étiez encore en Cour, mais vous n'êtes plus aux faveurs... vous en entendriez des belles... mais vous n'êtes plus au pouvoir... C'est pas mon genre l'hallali, j'ai pas beaucoup l'habitude d'agresser les faibles, les déchus, quand je veux me faire les poignes sur le Blum je le prends en pleine force, en plein triomphe populaire, de même pour les autres et Mandel. J'attends pas qu'ils soyent en prison. Je fais pas ça confidentiellement dans un petit journal asthmatique. Je me perds pas dans les faux-fuyants, les paraboles allusives.

C'est comme pour devenir pro-allemand, j'attends pas que la Commandatur pavoise au Crillon.

Demain si le Daladier revenait (c'est pas impossible croyez-le) je vous affirme que je le rengueulerais et pas pour de rire. D'abord y a un compte entre nous, c'est lui qui m'a fait condamner... Pour le moment il est tabou, il est par terre, ça va, j'attends...

Y a un temps pour tout que je dis... J'aime pas les salopes.

C'est sous Dreyfus, Lecache, Kéril, qu'il fallait hurler « vive l'Allemagne » ! À présent c'est de la table d'hôte...

Mais revenons à nos familles... Vous leur vouliez du bien Madame ? Avec tout le respect que je vous dois, vous vous foutez d'elles et bellement ! C'est pas en expurgeant les livres que vous augmenterez leur confort. D'abord je vais vous dire une bonne chose, les familles elles lisent jamais rien, quelque fois le *Paris-Soir* et encore... C'est pas les livres qui les corrompent... Ce qui les corrompt c'est votre exemple, c'est l'exemple de vos privilèges, c'est votre astucieuse réussite de foutre rien avec des rentes, d'être bien heureuse dans votre nougat, toute parasite et pépère. La voilà la folle indécence, l'obscénité en personne ! Voilà le fléau Madame, c'est pas dans les livres, c'est dans votre existence même.

Je vous vois qu'une façon de les aider les familles qui vous sont précieuses, c'est de leur verser tout votre pognon, tous les attributs de la fortune. C'est ça qui les soulagera bien, c'est pas les déplacements de virgules, les nitoucheries effarées, les trémoussements autour du pot... Si vous attaquez le problème alors allez-y carrément ! amenez vos ronds ! là ! sur la table ! tous vos ronds ! on verra de cy que vous êtes sincère, que c'est pas du cinéma, que les familles vous tiennent à cœur.

Parce que si c'est pour la musique, nous aussi on peut composer... des folies-bouffes... des pastourelles... Racine, lui, travaillait en verses pour les jeunes filles de la Maintenon...

Ah ! Méfions-nous de ces maîtresses !... elles vous ont un goût des Beaux-Arts... un penchant, le caprice, le don, de s'occuper des familles !...

Oh ! C'est pas que je vienne dire du mal des Beaux-Arts et de leur enseignement. Je trouve rien de plus essentiel. « Donnez-moi le privilège d'écrire les chansons d'un peuple et je serai bien au-dessus de celui qui fait les Lois. »

Voici le précieux adage tout à méditer.

Vous dites : « Le peuple a aucun goût ! Il aime que le faux, les ordures... »

Où qu'il aurait pris son goût ? Pas à l'école, on l'apprend pas. On se désintéresse du goût, de l'enthousiasme, de la passion, des seules choses utiles dans la vie... On apprend rien à l'école que des sottises raisonnantes, anémiantes, médiocrisantes, l'air de tourner con râbacheur. Regardez les petits enfants, les premières années... ils sont tout charme, tout poésie, tout espiègle guilleretterie... À partir de dix, douze ans, finie la magie de primesaut ! mués louches sournois butés cancers, petits drôles plus approchables, assommants, pervers grimaciers, garçons et filles, ragoteux, crispés, stupides, comme papa maman. Une faillite ! Presque déjà parfait vieillard à l'âge de douze ans ! Une culbute des étoiles en nos décombres et nos fanges !

Un désastre de féerie.

Quelle raison ? La puberté ? Elle a bon dos ! Non ! Parce que dressés tout de suite en force, sonnés d'emblée dès l'école, la grande mutilante de jeunesse, l'école leur aura coupé les ailes au lieu de leur ouvrir toutes grandes et plus grandes encore ! L'école n'élève personne aux nues, elle mutile, elle châtre. Elle ne crée pas des hommes ailés, des âmes qui dansent, elle fabrique des sous-hommes rampants qui s'intéressent plus qu'à quatre pattes, de boutiffes en égouts secrets, de boîtes à ordures en eaux grasses.

Ah ! C'est vraiment le plus grand crime d'enfermer les enfants comme ça pendant des cinq ou dix années pour leur apprendre que des choses viles, des règles pour mieux s'ahurir, se trivialiser à toutes forces, s'utiliser l'enthousiasme aux choses qui s'achètent, se vendent, se mangent, se combinent, s'installent, dilatent, jubilent Capital, qu'on roule avec, qu'on trafique, qu'on goupille, chignolle, lamine, brase, en cent enfers mécanisés, qu'on accumule dans ces dépôts pour les refiler à bénéfices... à la grouillerie des brutes d'achat.

Quelle atroce farce ! Saisir les enfants à leurs jeux, les empêtrer minutieusement pas examens impeccables de notions toujours plus utiles, tourner en plomb leur vif argent, leur river après les quatre pattes, que la bête gambade plus jamais, qu'elle reste prosaïque à toujours, fardée à hurler à mort, sous chape effroyable, à désirer toutes les guerres pour se dépêtrer comme elle peut d'une existence qui n'en est plus, qu'est une espèce de survie d'une joie trépassée depuis longtemps, enterrée toute vive à l'école.

Parce que si ça doit continuer notre existence pareille et même, telle qu'elle se déroule aujourd'hui, sur cette boue ronde, je vois pas beaucoup à quoi ça rime... Des catastrophes comme distractions... des hécatombes comme dessert... ça peut encourager personne... On pourrait peut-être aviser, varier un peu nos usages... se demander par où ça pèche... À moins qu'on aime l'atrocité... les grands Beaux-Arts de catastrophe...

C'est important les Beaux-Arts, c'est pas moi qu'en dirais du mal... C'est la manière de s'en servir, c'est là qu'est le hic... Ça serait peut-être même une façon de rénover de fond en comble l'Europe et ses tristes vilains penchants, de lui retrouver un petit peu une âme, une raison d'être, un enchantement, une gaîté surtout, c'est ça qui lui manque le plus, une gaîté pour commencer, puis une mélodie bien à elle, une ivresse, un enthousiasme, un racisme d'âme et de corps, qui serait l'ornement de la Terre, la fontaine des plus hautes féeries ! Ah, nom de Dieu y en a besoin !

Pas un racisme de chicane, d'orgueil à vide, de ragots, mais un racisme d'exaltation, de perfection, de grandeur.

Nous crevons d'être sans légende, sans mystère, sans grandeur. Les cieux nous vomissent.

Nous périssons d'arrière-boutique.

Vous voulez retrouver l'entrain ? la force créatrice ? alors première condition : Rénovez l'école ! recréez l'école ! pas qu'un petit peu... sens dessus-dessous !...

Tout doit reprendre par l'école, rien ne peut se faire sans l'école, hors l'école. Ordonner, choyer, faire éclore une école heureuse, agréable, joyeuse, fructueuse à l'âme enfin, non point morne et ratatinière, constipante, gercée, maléfique.

L'école est un monde nouveau qui ne demande qu'à paraître, parfaitement féerique, tous nos soins envers ce miracle ne consistent encore à ce jour qu'en brutalités méthodiques, en avortements acharnés.

Le goût du public est tout faux, résolument faux, il va vers le faux, le truqué, aussi droit, aussi certainement que le cochon va vers la truffe, d'instinct inverti, infaillible, vers la fausse grandeur, la fausse force, la fausse grâce, la fausse vertu, la fausse pudeur, le faux bonhomme, le faux chef-d'œuvre, le tout faux, sans se fatiguer.

D'où lui vient ce goût-catastrophe ? avant tout, surtout de l'école, de l'éducation première, du sabotage de l'enthousiasme, des joies primitives créatrices, par l'empesé déclamatoire, la cartonnerie moralistique.

L'école des bourrages ressassages, des entonnages de fatras secs nous conduit au pire, nous discrédite à jamais devant la nature et les ondes...

Plus d'entreprises de cuistreries ! d'usines à rogner les cœurs ! à raplatir l'enthousiasme ! à déconcerter la jeunesse ! qu'il n'en réchappe plus que noyaux, petits grumeleux rebuts d'empaillage, parcheminés façon licence, qui ne peuvent plus s'éprendre de rien sauf des broyeuses-scieuses-concassières à 80 000 tours minute.

Ô pions fabricants de Déserts !

Bien sûr il faut des certitudes, du pondérable, des poids, des mesures, des sciences exactes, des découpetages d'Algébrie, des mathématiques Barateuses-lieuses, des concomitants Mastodontes, poustouflants à cent mille pistons, par tourbillonages réversibles, des fouasseuses gicleuses synthétantes hautes dix fois comme la tour Eiffel, à jus de cornue miroboleux, idoles de vingt Trusts verticaux, avec fournaises en ébonite, cheminées qui traversent les Alpes, tous les torrents emboutis, façonnés égouts de Haute-force, mers Blanches en sirops, qui remplacent mille hommes à fond de mine par trois pets et un tondu, tout ceci formellement précis et loustiquerie polytechnique.

Fort bien ! Très bien ! Nous sommes contents !

Parfaitement louable et Grand merci ! Le progrès étant à ce prix !

Tout de même faudrait que ça passe en second... en tout honneur et révérence... que ça décervelle pas l'enfance... autrement c'est plus qu'un désastre, un misérable naufrage en plein Prodige de mécanique, qu'on laisse tout de même l'enfant tranquille que ça lui mange pas tout son rêve, les forces du progrès électrique, tourpillonnant standardisé, parce que c'est ça le divin précieux, précieux comme trois cent mille progrès, notre tout petit mirliton à nous... encore au fond des âges... trois cent mille fois mille progrès et encore mille fois dix mille ans, ça ne vaut pas... le petit rigodon du rêve la musique timide du bonheur, notre menu refrain d'enfance...

Que doive crever Polytechnique on se fera parfaitement raison, qu'on marche déjà très bien à pied, qu'on fera dodo dans l'autobus quand y aura plus d'essence du tout, à jamais... et quand ça sera la mort du cheval... on reviendra aux temps comme avant où y avait pas encore les clous... où se promener était pas un drame, où ça finissait pas toujours à l'hôpital ou en prison.

Je veux bien qu'il y ait de la force majeure, des mals nécessaires, des mécaniques dans certains cas, des trolleybus, des Cyclo-pompes, des calculatrices à moteur, je comprends les sciences exactes, les notions arides pour le bien de l'Humanité, le Progrès en marche... Mais je vois l'homme d'autant plus inquiet qu'il a perdu le goût des fables, du fabuleux, des Légendes, inquiet à hurler, qu'il adule, vénère le précis, le prosaïque, le chronomètre, le pondérable. Ça va pas avec sa nature. Il devient, il reste aussi con. Il se fabrique même une âme chimique avec de l'alcool à toutes doses, pour réagir contre l'angoisse, se réchauffer les aciers, se duper au monotone, il se délabre, cafouille, s'étiole, rote, on l'emporte, on l'incarcère, on le radoube, on rambine vitesse, il revient, tout est à recommencer... il tient plus huit jours à la vie super-intense des cent mille grelots à la fois tressaillis dans du vitriol. Et de plus en plus convaincu « d'alésages au polycompteur », de précipices à la corde, virés au 3/5ème de poil, d'engouffrants phénomènes de trombes, halluciné à mort de Vide, osmotique des riens, métaphysique de sottise, hypnotisé de précisions, myope de science, taupe de jour.

On l'éberlue de mécanique autant que les moines de mômeries nos pères les crasseux, il fonce le moderne, il charge, du moment qu'on lui cause atomes, réfractions cosmiques ou « quanta », il croit que c'est arrivé dur comme fer. Il est en or pour tous panneaux. Il donne dans le prestige des savants comme autrefois aux astrologues, il s'est pas encore rendu compte que d'additionner des pommes ou de mettre en colonnes des atomes, c'est exactement semblable, c'est pas plus sorcier, c'est pas plus transcendant l'un que l'autre, ça demande pas plus d'intelligence.

Tout ça c'est de la vaste escroquerie pour bluffer le bonhomme, l'appauvrir, le dégoûter de son âme, de sa petite chanson, qu'il aye honte, lui couper son plaisir de rêve, l'ensorceler de manigances, dans le genre Mesmer, le tripoter, le conditionner trépied de machine, qu'il renonce à son cœur, à ses goûts, muet d'usine, moment de fabrication, la seule bête au monde qu'ose plus du tout sauter de joie, à son caprice, d'une patte sur l'autre, d'une espièglerie qui lui passe, d'un petit rythme de son espèce, d'une fredaine des ondes.

Comment que le nègre va gagner ! Qu'il va venir abolir tout ça ! toute cette forcènerie sinistre ! lui l'Anti-machine en personne ! qui déglingue tout ! raccommode rien ! l'Anti-Raison force de la nature ! Il l'aura beau pour trépigner toute cette valetaille abrutie, ces chiens rampants sous châssis !...

N'importe quel poisson crevé peut descendre le flot furieux, mais il en faut un de courage et joliment vif pour remonter au courant.

Regardons encore ces déjetés, ces accidentés permanents qui savent plus où donner de la tête, comment on peut leur rendre une âme ? une petite musique, un rythme ? qu'ils soyent plus si fades comme ils sont, en honte au dernier têtard, tout fiévreux, râpeux de raison, ignobles à écouter, à voir. Et infatués avec ça ! d'être à bout de tout leur rouleau, si serfs intrépides, plus pauvres que l'âne, attelés plus bas, au marché vide.

Faudrait un Hercule convaincu et drôlement soufflé, pour les arracher ces lascars à leur roboterie, citoyens motorisés, puis citoyens-bicyclettes, puis citoyens tout nus, pieds nus, la gueule de travers, mauvais coolies, que faire pour eux ? Pas grand'chose. Le traitement à l'école ? Peut-être... Avant l'usine, le bureau, avant la fameuse orientation professionnelle... avant le pli irrémédiable ?... Peut-être... Tout doucement... par les Beaux-Arts ?... Pas à la manière de Maintenon, de Racine, les grandes indécences. Hélas les temps ne son plus. États de luxe, de gaspillages... où l'âme courait encore les rues... divertissements blasés... le peuple encore tout chantant, dansant, festoyant à guise... Hélas ! Les temps ne sont plus... Nous sommes avares devenus, malmenés, pauvrets de ressources et de cœur. Soyons au fait de notre honte. Il faut tout reprendre à l'école, aux balbutiements, à l'A.B.C. de la brimade, de l'estiolerie d'émotions. Las ! que faire de cet insensible, sans rythme, sans saveur, sans essor, que nous livre aujourd'hui l'école, sortie des pensums ? Absolument rien. Confiné, constipé, chafouin, rageur, peureux, revendiquant, tricheur, sournois, effleurant tout, n'aimant rien, bavard de tout, comprenant rien, ah ! l'aride petit phénomène ! âcre résidu de hideux drame, celui de l'étiolerie des âmes, sous la férule des cuistres rances.

Ce misérable est sans recours, c'est un osselet pour toujours à brinquebaler dans les machines, il a plus qu'à attendre son tour, la guerre où on broye les osselets sous les charges de tanks fourrageurs ou sous torpilles en abris-caves où ça se concasse à la toluite les petits osselets de son genre.

Pour l'adulte pas grand'chose à faire... Peu de Révolution pour lui !... des phrases... des phrases... toujours des phrases... L'enfance notre seul salut. L'École. Non à partir des sciences exactes, du Code civil, ou des morales impassibles, mais reprenant tout des Beaux-Arts, de l'enthousiasme, de l'émotion, du don vivant de la création, du charme de race, toutes les bonnes choses dont on ne veut plus, qu'on traque, qu'on vexe, qu'on écrabouille. Une société que demande-t-elle ? en plus du lait chez l'épicier, du pain de quatre livres, du frigidaire ?

Des sociétaires qui s'entendent, qui sont émotifs, émus les uns par les autres, pas des bûches rébarbatives... qu'ont des raisons de se rencontrer, agréablement, non pour admirer leur confort, leurs peaux de zébis du Kamtchatka, leurs 35 chevaux « Quaquaquat », leurs boîtes à viande 14 litres qu'est la puanteur des campagnes, leurs

« tankinettes » d'élégance, mais des choses qui ne s'achètent pas, qu'on fait soi-même avec des ondes, de la bonne humeur, du vent, de l'enthousiasme, du divin, de la « pôvoisie »...

Sans création continuelle, artistique, et de tous, aucune société possible, durable, surtout aux jours d'aujourd'hui, où tout n'est que mécanique, autour de nous, agressif, abominable.

Faut-il croire que c'est compliqué, singulier, surnaturel, d'être artiste ? Tout le contraire ! Le compliqué, le forcé, le singulier c'est de ne l'être point.

Il faut un long et terrible effort de la part des maîtres armés du Programme pour tuer l'artiste chez l'enfant. Cela ne va pas tout seul. Les écoles fonctionnent dans ce but, ce sont les lieux de torture pour la parfaite innocence, la joie spontanée, l'étranglement des oiseaux, la fabrication d'un deuil qui suinte déjà de tous les murs, la poisse sociale primitive, l'enduit qui pénètre tout, suffoque, estourbit pour toujours toute gaîté de vivre.

Tout homme ayant un cœur qui bat possède aussi sa chanson, sa petite musique personnelle, son rythme enchanteur au fond de ses 36° 8, autrement il vivrait pas. La nature est assez bourrelle, elle nous force assez à manger, à rechercher la boustiffe, par tombereaux, par tonnes, pour entretenir sa chaleur, elle peut bien mettre un peu de drôlerie au fond de cette damnée carcasse. Ce luxe est payé.

Tous les animaux sont artistes, ils ont leurs heures d'agrément, leurs phases de lubies, leurs périodes de rigodon, faridon, les pires bestioles biscornues, les moins engageantes du règne, les plus mal embouchés vautours, les tarentules si répugnantes, tout ça danse ! s'agite ! rigole ! le moment venu !

Les lézards aveugles, les morpions, les crotales furieux de venin, ils ont leurs moments spontanés, d'improvisation, d'enchantement, pourquoi on serait nous les pires sacs, les plus emmerdés de l'Univers ?

On parle toujours des têtards, ils se marrent bien eux, ils frétillent, ils sont heureux toute la journée. C'est nous qu'on est les pires brimés, les calamiteux de l'aventure.

À quoi tout ça tient ? à l'école, aux programmes. Le Salut par les Beaux-Arts !

Au lieu d'apprendre les participes et tant que ça de géométrie et de physique pas amusante, y a qu'à bouleverser les notions, donner la prime à la musique, aux chants en chœur, à la peinture, à la composition surtout, aux trouvailles des danses personnelles, aux rigodons particuliers, tout ce qui donne parfum à la vie, guilleretterie jolie, porte l'esprit à fleurir, enjolive nos heures, nos tristesses, nous assure un peu de bonheur, d'enthousiasme, de chaleur qui nous élève, nous fait traverser l'existence, en somme sur un nuage.

C'est ça le Bon Dieu à l'école, s'enticher d'un joli Bel-Art, l'emporter tout chaud dans la vie. Le vrai crucifix c'est d'apprendre la magie du gentil secret, le sortilège qui nous donne la clef de la beauté des choses, des petites, des laides, des minables, des grandes, des splendides, des ratées, et l'oubli de toutes les vacheries.

C'est de ça dont [sic] nous avons besoin, autant, bien autant que de pain bis, que de beurres en branches ou de pneumatiques. Qu'on me dilacère si je déconne ! Et comment on apprend tout ça ? En allant longtemps à l'école, au moins jusqu'à 15-16 ans... qu'on en sorte tout imprégné de musiques et de jolis rythmes, d'exemples exaltants, tout ensorcelé de grandeur, tout en ferveur pour le gratuit.

La ferveur pour le gratuit, ce qui manque le plus aujourd'hui, effroyablement. Le gratuit seul est divin.

Plus de petits noyaux crevassés, issus des concours, qui peuvent plus s'éprendre de rien, sauf des broyeuses-concassières à 80 000 tours minute.

Malédiction sur la France !
— LAMARTINE (Dernières paroles)

Une fois le cœur consacré au don de soi-même, la vie ne peut plus grand'chose sur votre belle heureuse humeur. C'est un genre de lampe d'Aladin qui trouve toujours de nouvelles joies en lieux les plus sombres.

Ça s'arrange toujours plus ou moins, on ne foudroye pas un artiste.

C'est lui qui juge l'Univers, qui se fait marrer à sa guise, tantôt en bien, tantôt en mal, comme ci, comme ça, à petites astuces, au petit bonheur.

On ne peut plus grand'chose contre lui, ni les éléments, ni les hommes, il est passé fétiche pour tous, petit grigri des familles. Si on réfléchit c'est pas mal, rien qu'avec du souffle... Ça serait peut-être la fin des bisbilles, des jacasseries de sales cons, venimeux atroces, des ragotages diffamants, destructeurs de tout, de réapprendre à chanter ensemble, en chœur, et voguer de même, la main dans la main ?...

L'enseignement de rénovation quelle ampleur vous lui donnez ? Toute ! Par la danse, les sports, les Beaux-Arts, les choses utiles seulement secondes, la moitié du temps dirons-nous, il suffit bien ! 10 années ! les meilleures heures, les plus ardentes, dévolues à l'admiration, au culte des grands caractères, au culte de la perfection qui doit embraser l'âme humaine.

Il faut réapprendre à créer, à deviner humblement, passionnément, aux sources du corps, aux accords plastiques, aux arts éléments, les secrets de danse et musique, la catalyse de toute grâce, de toute joie et la tendresse aux animaux, aux tout petits, aux insectes, à tout ce qui trébuche, vacille, s'affaire, échoue, dégringole, trimbale, rebondit, recommence de touffes en brin d'herbe et de brin d'herbe en azur, tout autour de notre aventure, si précaire, si mal disposée...

Que pense de nous la coccinelle ?... Voilà qui est intéressant ! Point du tout ce que pense Roosevelt, ou l'archevêque de Durham...

Que le corps reprenne goût de vivre, retrouve son plaisir, son rythme, sa verve déchue, les enchantements de son essor... L'esprit suivra bien !... L'esprit c'est un corps parfait, une ligne mystique avant tout, le détour souple d'un geste, un message de l'âme, mieux à surprendre, à recueillir au bond, à l'envol de danse que sous accablants grimoires, marmonnerie de textes, contextes, bâfrerie d'analyse de poux, découpages de cheveux en mille, sports assis, migraines, remigraines et la suite, à dégueuler ce noir bastringue, noir sur blanc, tripes et boyaux morfondus de gravité, d'horreurs apprises immangeables, titubants malheureux navrés de bibliothèques, enlisés, suffoquants, affreux, sous glu de savoir, sous calcifiants amonts de fouasse, culturelle.

Ah ! la pourceaude pataugerie ! Ah ! qu'ils sont mornes à regarder ! à secouer ! à comprendre !...

Glués de la sorte, que voulez-vous qu'il en advienne, sans ailes, sans émoi, sans ferveur ? Brutes ou goujats, mufles partout, sournois d'usine, de cancres en boutique, ivrognes aux labours, bêtes à cinéma, passifs partout, de plus en plus ennuyeux, ennuyés, croulants, accablés ?

En chacun délivrer l'artiste ! lui rendre la clef du ciel !

Pensons à l'école française.

Que trouvons-nous ici, chez nous, de plus facile à faire revivre ? d'immanent... au ras du sol... Parmi les dons, les cadences... les sourires un peu... les moins oubliés... le petit espoir... la flammèche... vacillante certes... fumeuse déjà... mais enfin...

L'art ne connaît point de patrie ! Quelle sottise ! Quel mensonge ! Quelle hérésie ! Quel dicton juif !

L'art n'est que Race et Patrie ! Voici le roc où construire ! Roc et nuages en vérité, paysage d'âme.

Que trouvons-nous en ce pays, des Flandres au Béarn ?... Chansonniers et peintres, contrées de légère musique, sans insister... peut-être une fraîcheur de danse, un chatoyement de gaîté au bord des palettes, et d'esprit en tout ceci, preste de verve et badinant... et puis doux et mélancolique... Je veux bien !... Tout est merveille et m'enchante et chante qui m'élève du sol !... de véritable nature des hommes qui sont nés de là... C'est le choix d'une fleur au jardin, nulle n'est méprisable... entre toutes nulle n'est vilaine, toutes ont leur parfum... Point de mines mijaurées !

Tout est sacré de ces miracles... les plus infimes accents... trois vers, deux notes, un soupir...

De cy l'on peut tout recréer ! les hommes, leurs races, et leur ferveur... Panser leurs blessures, repartir vers des temps nouveaux. Il faut retourner à l'école, ne plus la quitter de vingt ans. Je voudrais que tous les maîtres fussent avant tout des artistes, non artistes-cuistres à formules, abrutisseurs d'un genre nouveau, mais gens au cours du merveilleux, de l'art d'échauffer la vie, non la refroidir, de choyer les enthousiasmes, non les raplatir, l'enthousiasme le « Dieu en nous », aux désirs de la Beauté devancer couleurs et harpes, hommes à recueillir les féeries qui prennent source à l'enfance.

Si la France doit reprendre l'âme, cette âme jaillira de l'école. L'âme revenue, naîtra Légende, tout naturellement.

Bien sûr il faudra tout l'effort ! Ne point labeur ménager !

Tant de scrupules et mille soucis ! d'application merveilleuse, une fièvre, une ferveur, peu ordinaire de nos jours.

Mais l'enfance n'est point chiche du divin entrain dès qu'elle approche des féeries. L'école doit devenir magique ou disparaître, bagne figé.

L'enfance est magique.

L'enfance tourne amère et méchante. C'est elle qui nous condamne à mort. Nous y passerons.

Il n'est que temps ! Battons campagne ! Croisons contre l'Ogre ! Tuons l'Ogre ! Et tout de suite ! « Horribilus

Academus » ! L'ogre brandisseur de Programmes !
Étreigneur ! Dépeceur à vif ! Dévoreur de petits enfants !

— Dites donc votre Élite elle râle...
— Qu'est-ce qu'elle a l'Élite ?
— Elle dit qu'elle est pas contente !
— De quoi ?
— Des cent francs...
— Ben merde, c'est déjà joli !... C'est une thune d'avant 14 ! Vous vous rendez compte !

Faut souhaiter que ça dure les cent francs !... Je trouve ça déjà d'un libéral !...

— Elle dit qu'elle peut pas y arriver... que cent francs, c'est se foutre du monde, que c'est pas un revenu d'Élite, que c'est une paye d'ouvrier, d'un chassieux de bureau, d'un homme de pas aucune valeur ! Elle demande pour quoi vous la prenez ?
— Eh bien dites donc c'est un monde !... voilà l'élite qui s'insurge !... Alors c'est que l'honneur est en jeu !...
— Persiflez toujours ! Qu'est-ce que vous faites de l'ambition ? des délicatesses de l'élite ? de la façon qu'elle se vêt, de la manière qu'elle présente, chez elle et dans les salons, se nourrit, se chausse ?... D'où que vous sortez ? Vous avez pas vu ses pardingues ? trois pour l'été, sept pour l'hiver ?... Ses vingt-huit paires de bottines ? et les vernis pour le soir ? Les quatorze costards anti-crise ? Vous savez pas ce que ça coûte ?... et de souper un peu en ville ? avec

des élites comme elle !... des personnes posées ? de condition ? Mais ça coûte déjà vos cent francs rien qu'en vestiaire et cigarettes !... Vous y êtes pas du tout !... Vous voulez que sommairement vêtue avec ce qu'on mange aujourd'hui, elle attrape froid notre élite ?... qu'elle s'enrhume, qu'elle puisse plus sortir ?... qu'elle soye forcée de rester couchée ? chez elle ? à la diète ? y a déjà de quoi la rendre malade rien que de vos pénibles soties... Vous avez pas de but dans la vie vous !... vous avez pas d'ambition ! Vous pouvez rien comprendre à rien ! Vous songez creux, voilà tout ! comme tous les ratés ! Vous tuez l'ardeur ! l'entreprise ! Vous découragez les élites ! Voilà ce que vous faites ! et allez donc ! avec vos projets d'anarchiste ! Vous découragez les forts... C'est grave Monsieur, c'est très grave !... L'Élite c'est un raffinement... C'est un goût... c'est une atmosphère... c'est un certain luxe !... Que croyez-vous avec 100 francs ? Mais vous ne trouverez personne !... Vous ne voyez pas par exemple un Régent de la Banque de France à 100 francs par jour ? Non n'est-ce pas ? Un Directeur des Chemins de Fer à 100 francs de même ? moins cher peut-être que son lampiste si ce dernier est père nombreux !... Un gouverneur de Province à 100 francs par jour ?... Un grand Président des Trusts à cent francs ? pas plus ! Un Procureur de Tribunal à ce salaire misérable ? Vous n'aurez personne, je vous assure ! à 100 francs par jour !... que du déchet ! de la racaille !

— Alors que vive le déchet ! vive ! et la racaille de même aussi !

— Nous sommes en pleine utopie ! À la quatrième dimension !...

— C'est bien ce que je pense ! C'est agréable ! C'est l'ensorcellerie même ! On voit les hommes comme ils sont dans le fond de leur tripe de salopes ! évaporés des discours ! ce qu'ils ont vraiment dans le buffet ! du lard ? des idées ? du pourri ? C'est là qu'on va voir ce que ça pèse non dans les mots, mais dans les faits d'amour de la France... l'enfiévrante passion du bien général... le culte patriote... le désintéressement sacré... les plus hautes cimes d'abnégation... la foi dans la France éternelle... le brûlant désir de servir... Ah ! ça va être un bon moment ! On s'ennuyera pas une minute !...

— Mais ils vont tous démissionner ! Ils voudront jamais se soumettre !... L'Élite c'est bougrement fier !...

— Démissionner ?... Je crois pas... C'est pas des gens qui démissionnent... Ils comprennent pas la raison. Ils comprennent que leur nombril. Ils le trouvent très bien, extraordinaire... Ils en sont heureux au possible... Tout le reste c'est que de l'injustice...

L'Élite n'est-ce pas c'est Exemple ou alors c'est rien du tout. L'exemple c'est de manger comme tout le monde, pas moins bien sûr, mais pas plus. L'idéal du parfait gueuleton, du dîner d'état-major, sauvera pas la France. Je vois pas beaucoup d'autre idéal dans l'élite actuelle. Manger finement, à volonté, le tout arrosé dive bouteille, à température, et nectar, rots appréciatifs et Vermot.

La tripe déesse des bourgeoisies.

Vous comprenez que le peuple qu'a déjà des sérieuses tendances vous lui montrerez pas deux fois les manières d'élite... Vous pourrez toujours, belle gueule, lui recommander les hautes lectures, les dissertations édifiantes, la sublimation de soucis, la fréquentation des classiques, ils vous enverra rebondir, il verra plus en vous que la panse, le foie gras, il vous pensera plus qu'en foie gras, jamais fatigué des jeux de table, pistant encore semaines et dimanches les fins traiteurs, les hostelleries, à travers guérets et campagnes, à la chasse d'auges exorbitantes, adulé des restaurateurs, en autos douillettes, à la quête d'autres venaisons, de mieux en mieux cuisinées. Kilomètres « 115 »... « 330 »... de pourlècheries, d'autres provendes, d'autres foies gras, chantant ravi, extasié, porc suprême motorisant. Grand Menu, Bible de la France...

Voici l'exemple pour le peuple, la réclame vivante au foie gras, exaltante à miracle, épique, M. et Madame Oie-Cochon.

Qui dit mieux ?

Ah ! oui mais dites donc y a pas que ça ! Notez aussi je vous en prie : Fête pour l'Esprit ! Bonne chère ! table joyeuse ! l'Esprit festoye à mille facettes ! l'Élite étincelle ! Verve pétille ! Vous n'y pensez pas, morfondu ! Mousse champagne ! et facéties !

Oh ! la menteuse ! la truie nitouche ! Rien de plus banal qu'un gésier ! le ruminant en nous, visqueux, l'antre Tripe, piteux au regard, gras à l'écoute !... L'esprit ne trouve rien du tout !

Qui plantureusement soupe et dîne, deux fois par jour, trouve à digérer tel malaise, tel aria de ventre que tout son esprit disloque, astreinte de pancréas, bile de feu, chyle et boyasse distendus, muqueuses dévorées de chloride ! Pauvre sagouin tout saccagé d'expulsions de gaz, tympanique partout, tambour brimé de convenances, surpasse un moteur en péteries, d'où l'innommable promenade, de sites en bosquets du dimanche, des affolés du transit, à toutes allures d'échappements, de Lieux-dits en Châteaux d'Histoire. Ça va mal !

Il faut faire quelque chose quand on souffre.

J'ai pour cela une petite formule, pour ces occasions si pénibles, dont je me sers dans la pratique, que je recommande aux personnes qui savent ce que je veux dire, que digérer c'est pas badin sitôt que les gaz se forment, que c'est pas la question de l'esprit, d'élite ou d'autres joujoutes, que c'est question d'être soulagé.

Voici ce que je préconise !

Poudre magnésie calcinée   0 gr. 20

Charbon végétal   0 gr. 50

Pour un cachet n° 30 : Deux de sorte après chaque repas.

Pour conditionner mieux encore, rapproprier le tractus, reverdir l'usage, le sujet se trouvera bien d'une purgation légère deux fois par semaine au réveil, de sulfate de soude, une cuillérée par exemple, dans un demi-verre d'eau tiède, cuiller à dessert il s'entend.

Mais l'esprit n'est rien de ceci. Il n'a que faire en ces misères.

Il n'est pour rien dans cette affaire. Laissons-le hors de débat.

Pour ce qu'il en reste.

On est pas des Saints ! Mais justement ! Il en faut !

Des élites comme ça dévorantes, des bâfreurs, des accaparants, on en a vraiment pas besoin. Puisque leur force c'est l'esprit, elles doivent bien jeûner un petit peu, de temps à autres, les élites... Je vous dis pas qu'elles doivent vivre d'eau claire et de salsifis tamisés, mais tout de même il faudrait qu'elles songent qu'elles sont pas là que pour le lard et les massages sous bains tièdes. De quel côté qu'elles se trouvent ? On voudrait savoir ? Côté Ariel ? ou Caliban ? Ondes ou haricots ? Aquilons ou gaz ? Ça serait à choisir et tout de suite... L'heure est aux purifications, la vogue est à l'Égalité. En ont-ils joué nos maçons ! pavoisé, ceint nos édifices, ensorcelé nos monuments ! il fallait bien que ça aboutisse un jour ou l'autre, que ça descende dans l'existence, l'Égalité.

Égalité devant la faim, pour tous les vivants la même chose, les 3 000 calories Standard, pour le génie, pour Beethoven, comme pour Putois Jules, terrassier.

L'égalité physiologique, l'égalité devant le besoin, la damnée matière essentielle, une fois pour toutes, le couvert, la gueule, les tatanes, le lait des enfants, le repas unique, s'il le faut, mais la même tambouille, la même chaleur pour tout le monde, plus de cloches, plus de pansus, des qui la sautent, d'autres qui s'étouffent, qu'on en sorte, qu'on en parle plus, que ça soit réglé une fois pour toutes. Plus de tergiverses, plus de périphrases. Le ticket humain d'existence.

De la diversité bien sûr, des petites fantaisies personnelles, mais toujours dans les limites des 50-100 francs « pro die », plus d'accaparements possibles, d'organisation de la rareté. Finis les Doges du Marché Noir !... les Ducs de la Laine, du Babeurre ! L'esprit prendra tout son essor quand on parlera plus de la mangeaille, ni des pull-overs superfins, que ça sera plus un problème et surtout un motif d'envie, de haine, de fureur jalouse.

Vous tenez au respect du peuple, bâfreur infini ? alors faites pas tout de suite comme lui, vous ruez pas sur la nourriture ! Comment vous voulez qu'il vous croie avec vos prétentions d'élite, vos prééminences de l'esprit quand il vous voit tout cochon ? de groin toujours en frémissences ? ça résiste pas !... Il hurle au crime c'est fatal ! il pense plus qu'à vous foutre en l'air, vous secouer la musette, il a envie aussi de tout ça, du repas d'ortolans, des soles béchamel, du petit bourgueil fruité comète. C'est tout à fait dans sa pointure.

Il révère pas tout spécialement on Kil-Calemdot (je parle des temps-prospérité !). Il est du cornet lui-même ! Vous vous tenez comme des dégueulasses, il prend son modèle comme il le trouve. C'est vous l'élite, c'est vous l'exemple. Tant pis pour vous !

Pour le juif n'est-ce pas c'est tout cuit. La propagande est là toute faite. C'est plus que des portes ouvertes.

Et maintenant que tout est préparé, attendons la suite.

Un pleur sur le Parlement.

Est-il mort ? est-il vivant ? On ne sait guère. Be or not... Les membres éparpillés s'agitent... Que veulent-ils au fond ? Mais bougre Dieu garder leur place !... Cela s'arroge de haut vocable... L'intérêt passionné du Bien Public !... les Devoirs sacrés de la Charge !... toutes les ferveurs au dévouement !... Mais en un mot comme en dix mille cela s'appelle : Bœuf avant tout ! Vous voyez un petit peu Médéme... Madame épouse député... de retour à son bled natal... déconfite avec son viré... Vous voyez ça chez la maman, au dîner de famille ?... les gueules... avec les oncles... les cousins... Vous voyez un peu les sourires... Les échanges de petites allusions...

Maintenant que tout le monde paye son chemin de fer...

Ah ! On tuerait pour beaucoup moins !... On assassinerait le bourg entier, la circonscription, l'adversaire, les supporters, le président des jambes de bois, le tambour municipal, trois cents pêcheurs à la ligne, tout le Conseil général, les sonneurs de la Saint Maclou, et tous les cocus du canton, pour un mot pareil !

Bande de mendigots ragoteux ! trouilleux fripons ! sacs et cordes ! frelons voyous ! sacs à vin ! haut-le-cœur !

manches ! cacas ! larves à bistrot ! inutiles ! horde ! bulleux décatis ! Servent plus à rien ! rien du tout ! qui votent plus à rien du tout ! Oh ! la racaille ! Ces puants ! En voilà qui perdent bien la France ! Charognes responsables ! Citoyens sans urnes ! Chiures d'eunuques ! Ah ! Loge de ma vie ! Détresse ! Il pleut sur la République !

Je veux bien qu'il y a les deux ans « d'avance »... que c'est tout de même une jolie fleur 180 000 francs comptant... que ça permet de voir venir... Tout de même... tout de même... Vous savez... trois ans ça passe vite ! et trois ans dans l'inquiétude !... dans les malheurs de la Patrie !... d'où que ça remue... que ça vibrionne... que c'est du grouillement sans pareil... à travers les ruelles et la ville... Ça vous a des drôles de relations 2 200 parlementaires... dans l'occulte comme dans l'apparent... dans le clergé comme chez les cachères... que c'est des champions de l'entregent... du démerdage superagile... vertigineux aux intrigues... des fulminates pur le culot... complotiques à perte de souffle... C'est à pas croire ce que ça toupille, virevolte en tout sens, enlace, serpente, carafouille, barate, fricote, contamine, dégueule, jusqu'à l'épuisement, régurgite encore, rebourne, un Député disponible qui veut pas se trouver étendu après les deux berges de défiance...

C'est pas de la grande dignité mais c'est de la bonne mœurs bien française que c'est pas encore suffisant d'un coup de pied au cul pour se dire que votre tapin est mort ! qu'il faut tout de même autre chose et même trois quatre cent mille victimes pour se dire que tout est perdu et même deux, trois, quatre pieds au cul ! qu'il faut des choses bien plus sérieuses, que tout ça prouve rien du tout, que la plus grande meurtrissure que puisse souffrir un amour-propre c'est de voir un autre dans votre tapin qui vous a bluffé d'en sortir, pendant qu'il héritait en douce du lit de la veuve et des afurs... Ah !

Ça alors vraiment y a de quoi revivre ! rien que pour ratatiner ce vautour ! ce crème de fumier. Y a de quoi sortir de la tombe !

C'est ça qu'on va assister, des règlements post mortem, des guerres de cadavres.

Tout le procès des Templiers est à refaire, pour les Juifs et les Francs-Maçons.

L'autre jour une maîtresse phrase dans un journal d'opinion.

« Les citoyens de ce pays (français) ne se laisseront pas facilement arracher leur bulletin de vote. »

Oh ! l'astucieux ! la bonne pièce ! Je cause ! Renoncer à ce bon suffrage ? Rien ne va plus ! Mais c'est monstrueux ! Vous voudriez pas ? Politicien égal maçon, maçon égal chien de juif... Il faut ce qu'il faut... République ou plus république ! La continuité s'il vous plaît !

« Je maintiendrai ». Devise royale et de Hollande. Rénovation du parlement ? À votre aise ! Tout ce que vous voudrez ! Mais d'abord qu'on vote ! Nom de Dieu qu'on vote !

Élection égal Baratin, égal achat des ahuris, égal flagornerie des foules, égal Bistrot empereur des Rots, égal Français « premier du monde », égal noyade en vinasse, égal Grande Presse et Ratata, grande radio, égal grande ribote des votants, égal la folle foire d'empoigne, égal viande saoule à discrétion, égal Parlement de Laquais, commissionnaires de cantons, laquais d'enchères, laquais de Loges, laquais de juifs, laquais de tout ce qu'on voudra, laquais sonores, laquais d'ambassades, laquais à toutes sauces, laquais éperdus d'astuce, à ramper, bramer, farfouiller, boîtes et ordures en tous genres, valets de pied, valets de main et, s'il le faut, d'assassinat, en tous styles, singuliers, collectifs, sur terre, dans l'air et sur l'eau... à volonté des maîtres occultes, livraison à l'heure, au sifflet, selon le climat, la saison : toutes hécatombes en tous genres, la France en tige, en fleur, en herbe, fauchée selon la méthode, les clauses du véritable pacte, le seul qui importe, le seul respecté : Vote aux Aryens, Urnes aux juifs.

Suffrage universel ? Mais oui ! tout à fait d'accord ! Seulement si vous permettez : pas de charrue avant les bœufs ! Éloignez d'abord le juif ! Il a tous les atouts en mains, le pognon et le revolver.

Si on joue bien sûr qu'on est faits ! Cela va de soi, tout frits d'avance. Souvenez-vous du vase de 36 ! on le boit encore au Front Populaire ! le philtre du youtre ! Et c'est pas fini ! Il est amer ? Je vous le fais pas dire !

Communisme ? À ma manière ? Mais certainement ! Bien entendu ! Seulement si vous permettez : Pas de charrue avant le bœuf ! Virez le juif d'abord ! Il a tous les leviers en mains, et tout l'or et toute l'élite ! Si vous en tâtez il vous coiffe ! c'est réglé dans l'heure ! Tous les cadres sont prêts, les affiches, il étouffe, il accapare tout. Vous respirez plus. Simulateur, fainéant, sadique, bouzilleur, queutard, négroïde, il sera inapte à rien construire, il sera bon qu'à tout torturer, sabouler la crèche, calcer les mignonnes, et puis c'est marre et puis c'est tout. Le parasite en folie. Tout le reste c'est des mirages, faisanderies, impostures de youtres.

Ça sera le coup de l'Espagne, mille fois pire, et pour la peau, qu'une anarchie.

Quand tout sera plus que décombres, le nègre surgira, ça sera son heure, ça sera son tour, peut-être avec le tartare. Le nègre le vrai papa du juif, qu'a un membre encore bien plus gros, qu'est le seul qui s'impose en fin de compte, tout au bout des décadences. Y a qu'à voir un peu nos mignonnes, comment qu'elles se tiennent, qu'elles passent déjà du youtre au nègre, mutines, coquines, averties d'ondes...

C'est la forêt qui reprendra tout, la géante, la tropicale, et le Bois de Boulogne et vos petits os, calcinés, pour rien, on peut le dire, la première chose vraiment gratuite que vous aurez faite, un cataclysme pour des prunes.

S.O.S.

Plus de tergiverses ! Plus d'équivoques !

Le communisme Labiche ou la mort ! Voilà comme je cause ! Et pas dans vingt ans, mais tout de suite ! Si en on arrange pas un nous, un communisme à notre manière, qui convienne à nos genres d'esprit, les juifs nous imposeront le leur, ils attendent que ça, on sera tombés dans leur traquenard, alors finish le Jésus ! les jouxtes casuistiques, les tortillages de croupions, les branlettes d'éperdus scrupules ! Ce sera une tout autre musique ! en plein Sages de Sion ! dans la Vallée des Tortures ! vous m'en direz des nouvelles !... en plein vivarium dévorant, scolopendres, crotales, gras vautours, qu'on aura pas assez de lambeaux après nos carcasses pour régaler tout le bestiaire et parvenir de l'autre côté, voir la fin des réjouissances.

Vinaigre ! Luxez le juif au poteau ! y a plus une seconde à perdre ! C'est pour ainsi dire couru ! ça serait un miracle qu'on le coiffe ! une demi-tête !... un oiseau !... un poil !... un soupir !...

Conseiller national	8833 francs par mois
Chômeur national	420 francs par mois
Femme de Prisonnier national	360 francs par mois (soldat
Vieillard indigent national)	120 francs par mois (assisté

Dépêchons-nous mais attention ! pas de fausses manœuvres, pas de faux-fuyants ! La justice et absolue ! Sans justice plus de pays possible ! Abolition des privilèges ! un 89 jusqu'au bout ! Réussi alors, pas au flan !

Sans justice et absolue, plus de pays possible, plus de Patrie, plus d'Armée Française, plus qu'une horde d'empoisonnés dans une aventure dégueulasse, des tire à hue et à dia, une sournoise racaille jacassière, la guerre civile électorale, permanente, fuyante, grimacière, alcoolique, une basse peuplade de pillards, anarchistes opportunistes, paysans reniés de leurs vaches, désaxés, pervertis voyous, qui veulent tout prendre et rien donner, jouir contre tous, rien sacrifier à la cause commune, coriaces, rapaces, bavards, cyniques, plus à prendre par n'importe quel bout, avec du miel ou des pincettes, un hideux ramassis de bâtards, sans foi, sans scrupules, sans musique, qu'éprouvent plus que des furies foireuses pour des trucs de plus en plus bas, des mobiles de chiens aux ordures.

Voilà où gît l'homme actuellement, vous vous rendez compte du travail ?

Avant de lui causer racisme, de sujets qui touchent à l'âme, faut d'abord l'opérer de sa haine, lui récurer sa jalousie. C'est pas une petite affaire. Ça se fera pas tout seul, on est deux, le bourgeois et lui, en siamois. C'est le moment solennel où faut que Dieu descende sur la Terre. Qu'on voye un petit peu sa figure.

Arrière les phrases ! les salades ! Vous êtes d'accord ? oui ou merde ? On caresse pas ! On exécute ! Si vous refusez alors tant pis !... Vous voulez vous mettre aux « cent francs » ou vous voulez pas ? C'est le dilemme, c'est la souffrance... C'est l'œuf de Colomb. Il tient pas en l'air l'œuf tout seul. Faut lui casser un peu son bout. Y a pas à biaiser. C'est ainsi le prix de l'équilibre dont causent toujours les personnes dans les occasions émouvantes, c'est la justice devant le pognon, c'est pas autre chose et d'abord ! C'est pas midi à quatorze heures !

Tout ce que vous lui direz au peuple à l'époque actuelle, si vous lui parlez pas des ronds, d'abord, envers, par-dessus tout, ça tombera à plat, en vesse, vous aurez aucun écho, vous aurez pas la catalyse, le ronron des joyeuses reprises, le sourire des convalescences, vous aurez flûté pour re-rien. C'est pas de médecine qu'il s'agit, d'onguent comme-ci, miton-mitaine, c'est de la grave opération. Il est noué, il est buté, il est au caca votre malade, il veut plus écouter rien, le juif l'a ensorcelé, l'a bourrelé de vindicte sociale, il dégueule le fiel jour et nuit.

Voilà comme il se trouve.

Il est tout vous mais à l'envers, il est de l'autre côté de la médaille, l'envieux contre avare. Solidarité impossible sans l'égalité devant les ronds, d'abord. On s'occupera de l'esprit ensuite, et de la famille, et de la patrie, et du racisme si vous voulez, et de tout le bazar et son train... Tout ça c'est que de l'accessoire, du colifichet, des entourloupes plus ou moins... Voilà ce qu'il pense le bon peuple et vous l'en ferez pas démarrer... Le peuple il est tout sournois, comme vous devenu et bourrique, et méfiant, et lâche, il est passé par les coulisses, le juif lui a montré les trucs. Jadis il était homme de foi, et puis homme de force, après ça devenu homme de main, à présent il est homme de queue, critique et ragoteux partout.

Ça suffit plus de se battre les flancs pour lui faire renaître l'enthousiasme, il faut une autre pièce au programme... la fleur des sublimes sentiments... Propagande par l'espoir est morte... C'est tout de suite qu'il veut que vous crachiez au bassinet rénovateur... et de tous vos ronds, pas qu'une obole... Il veut voir ça de ses yeux vu... et pas du pour, des bons de Bayonne, mais du véritable coquin pèze trébuchant, valable au comptoir !

Tout ce que vous lui raconterez pour proroger l'échéance il y croira pas, pas plus qu'au Secours National, ou au quart d'heure des filles mères ou au Code des eccetera... Tout ça c'est bien cuit, repassé. Il croit plus à rien.

L'incrédulité est totale... Le prolétaire il revendique, il s'occupe pas de vos histoires, il croit qu'à son ventre, il croit que vous défendez le vôtre, et puis c'est marre et puis c'est tout, que tous les appels au bon cœur, aux forces morales, à la beauté des principes, à la réunion des Français, c'est encore que des entourloupes pour abuser de son ignorance, que ça cache qu'une foison d'arnaques des saloperies à plus finir, des nouveaux condés encore pour noyer le poisson, pour le faire rebosser à l'œil, pour vous régaler de sa faiblesse, pour secouer encore des milliards au nom des sublimes entités, de la France chérie et du Gland, que vous vous payez bien sa fiole, mais que vous le prenez pour un autre et qu'il les a retournées de partout et que c'est voilà pour vos fesses !

Racisme, patrie, beauté, mérite, abnégation, sacrifesses, et barati et barata !... Il s'en fout tout ça dans le même sac et dans la merde et bien profond. Grand avis aux amateurs ! C'est des choses enfouies pour toujours, voilà ce qu'il pense, l'état d'esprit.

D'ailleurs le Dr Mardoché passe derrière vous, soyez tranquille, repique les doses nécessaires de jour et de nuit, il entretient la virulence, il regarde pas aux frais, rien qu'en France par ces temps critiques, ça doit être du milliard par jour.

Après ça vous pouvez y aller, avec vos évasives salades, pour renverser les opinions ! édulcorer les amertumes ! l'autre qui promet du substantiel rien que du substantiel ! et tout de suite ! Ah ! c'est du coup à la Saint Thomas… Il veut toucher tout le prolétaire. C'est un malade d'objectif…

« Vide Thomas… Vide latus… Vide pedes… »

Il veut toucher à vos ronds, il veut les compter avec vous…

Y a que ça qui peut le remettre en route… votre pognon chéri…

C'est pas commode à arranger les rénovations nationales et la conservation des sous.

Ah ! C'est un hiver rigoureux... ça on peut le dire... la Seine va charrier des glaçons... On s'y attend... J'ai vu ça du Pont de Bruyères... si ça siffle !... la nature n'est pas clémente pour les personnes dans le besoin... Une bise !... Une rigueur !... la petite montagne d'Argenteuil en est toute gelée... avec son moulin... Elle arbore grand manteau de neige... la traîne éparpille... enveloppe les maisons, poudre les toits... trempe à la rive... émiette à l'eau... à grands remous passant à voltes autour des arches... Ah ! c'est un hiver rigoureux ! la plaine en nappe jusqu'aux remblais loin, loin là-bas étale tout son blanc... joue à la russe au vent des steppes... à sifflants tourbillons dansants et flocons et poudres...

L'usine toute au froid dressée brandit au ciel ses quatre tours, effilées, plus hautes que les nuages, en plein flamboyement... demain il fera encore plus froid... c'est dans l'air, dans le rouge là-bas, la grande déchirure des mirages... aux crêtes du Mont Valérien...

Oh ! comme tout ceci accable le tordu cyclo, acharné à vent debout, époumoné à sa fourche, morveux, les jantes en ficelle, quatre poireaux dans son tender, arrachés, valsant digue dong... de rigoles en fondrières, de pavés en flaques.

Il peut plus, il met pied à terre, il va renifler au parapet, il se mouche. Il réfléchit contre le vent. Ça lui prend la tête, il ose plus bouger de froid. Ah ! il faut passer quand même ! Moi, j'ai mes fonctions de l'autre côté, j'ai des choses à faire, on peut pas dire le contraire... Je suis attendu, et pas par une, vingt personnes !... peut-être une trentaine... Ah ! Je me fais couper la gueule aussi par ces tranchants d'atmosphère, qu'arrivent à toute vitesse glaciale... Je dépasse le cycliste.

Voici Divetot mon confrère qu'arrive juste dans le sens inverse... Il a fini lui son office... J'aime toujours bien le rencontrer... d'abord c'est un excellent homme et puis distingué, on peut le dire... et puis un savant dans un sens... Il a fini lui ses visites... il a distribué tous ses bons... c'est à mon tour à présent, de reprendre l'infirmière, le tampon... de faire de la peine à personne... d'obliger tout le monde dans le malheur. Ah ! C'est pas commode, ni propice... vu la rareté des transports... les pénuries d'arrivages, le hic des médicaments... le lolo qui vient plus du tout... because les chemins de fer qui déconnent, qui trouvent plus à se réchauffer... et le susuque qu'est du Nord qui veut plus descendre... et les beubeurres qui sont à l'Ouest qui veulent plus entendre rien, qu'on a pas vus depuis des semaines... la médecine devient difficile quand les malades mangent presque plus... Ah ! il me remarque aussi Divetot que ça devient vraiment ardu... et c'est un homme bien pondéré !... que les parents se rendent pas compte du fond des choses, que du lait en boîtes y en a plus... surtout le sucré qui venait de Suisse... de la Suisse ils s'en foutent les parents, ils y croient pas à la Suisse, c'est leur gnière qui les intéresse, ils vous l'agitent juste dessous le nez pour qu'on se rende compte comme il est froid, comme il est blême, et qu'il tousse, et sans chaleur... vu qu'y a pas eu un dé de carbi dans toute la cagne depuis six semaines... et que ça peut pas durer toujours... Que c'est pas le sirop qu'arrange tout, même le Dessessartz qu'est parfait, de quel secours ! maniable, calmant, l'irremplaçable remède... mais pour guérir au Pôle Nord !... Et les vieillards qui refroidissent fatalement plus vite que tout le monde... vu qu'ils sont déjà presque gelés... qu'étaient si contents de leur tisane... comment qu'on va leur réchauffer ?... leurs rhumagos ?... leur bourdaine ?... C'est des problèmes qui dépassent l'homme... Divetot en était bien d'avis... bonne volonté ne suffit pas !... ni la science, ni les connaissances... y a des fatalités qu'arrivent... qui sont rigoureuses et terribles...

Je suis toujours content de voir Divetot... On se rencontre pas assez souvent... c'est vraiment un cœur sur la main, et puis d'excellent conseil, et affectueux, et puis sensible aux Belles Lettres, et puis de riche expérience. Il me ramenait toujours en auto au temps où ça roulait encore...hélas tout ça est bien fini... On va-t-à pied et pas plus fiers... on peut le dire... C'est rigoureux... on bavardait de choses et d'autres comme ça sur le pont, dans la bise... On est ainsi, nous les médecins... On est toujours assez bignolles... on fout son nez un peu partout... ça me plaît bien les tours d'horizon... les aperçus politiques... lui-même il déteste pas... ça grise le froid et puis de causer, surtout là-haut dans les zefs aigres... Frappé l'aquilon ! Il m'est sympathique Divetot... et je crois que c'est réciproque... Je lui attire son attention... une idée qui me passe... Je luis fais : « Vous entendez pas ?... Taa !!!... too !... too !... too !... too !... too !... Taa !... Taa !... comme le vent d'hiver rapporte ? »... Je lui chante pour qu'il entende mieux... la ! fa ! sol ! la si do ! la ! Do ! qu'il entende bien tout l'appel, do dièse ! sol dièse !... bien entendu !... fa dièse mineur ! C'est le ton ! Le Charme des Cygnes... l'appel, ami ! l'appel !...

— Magnifique ceci Ferdinand ! magnifique ! Somptueuse musique !... Il me contredirait jamais... Mais tragique !... Tragique je le trouve ! n'est-ce pas... Ah ! n'est-ce pas ?...

Sensible Divetot, oh sensible !... et bienveillant !... vraiment un homme de qualité !...

— Oui que j'ajoute... c'est tout en l'air !...
— Oh ! Ferdinand vous êtes bien sûr ?... Il doute un peu de ceci...
— Le Destin Monsieur ! le Destin !...

Il me fâchait son doute. Je m'impatiente finalement...

– Vous voyez là-bas ?... la plaine... après la Folie... Charlebourg ?... les flocons s'engouffrent !... plus loin encore ?... tout au glacis ?... virevoltent !... tout en écharpes... et puis... s'enroulent... Qui bondit là ?... de linceul en linceul... ah ?... se rassemble ?... la ! fa ! sol !... la... si... do !... too !... too !... je n'y puis plus rien !... Too !... Too !... tant pis ! mon ami !... Tant pis ! que le charme joue !... too ! too !... Chimères ! voilà ! Chimères !...

Nous partîmes à rire tous les deux tellement la neige tourbillonnait... à vertige... à furieux volutes... à nous aveugler... Nous fûmes éloignés l'un de l'autre... de vive force... Je poursuivais mon chemin à contre bourrasque... Il me criait encore de loin à travers la neige...

« Les bons sont sous le tensiomètre !... » Nous avions là notre cachette... « dans le tiroir de gauche ! »

C'est exact y avait du monde... une foule à la consultation... une clientèle vraiment fidèle... une, deux, trois, quatre ordonnances... et puis un Bon... c'est le rythme... un... deux... trois Bons... une ordonnance !... C'est la cadence depuis l'hiver... de moins en moins d'ordonnances... de plus en plus de bons... chaque fois un quart... un demi-litre... je me fais prier énormément... J'ai la panique du téléphone... que ça sonne, qu'il y en a plus... que j'ai donné tout le lait de la ville... à mesure que la gêne augmente de moins en moins d'ordonnances... de plus en plus de bons... 25 morceaux de sucre... un petit seau de carbi... que la misère s'arrête plus... qu'elle augmente... qu'elle recouvrira bientôt tout... et la médecine à la fin... qu'elle en laissera plus du tout...

Un, deux, trois petits mômes à la file, tout secoués de coqueluche... qui sont en cocons dans leur laines... et puis une octogénaire avec sa nièce qu'est en chômage... elles vivent ensemble en pavillon... la vieille elle arrête pas de trembler... ça la tient depuis l'autre dimanche... qu'elle a essayé de sortir... d'aller à la pompe... c'est pas naturel comme elle tremble, c'est une grelottine incroyable pour une carcasse aussi frêle... elle fait trembler toute sa chaise... ma table auprès... les murs... la porte... Je cherche un peu d'où ça peut venir... elle en chante, elle en crierait presque, tellement ça la secoue son catarrhe, son âpre emphysème... Ça fait trois jours et trois nuits qu'elle tremble ainsi de cette façon... qu'elle secoue tout dans leur bicoque... elle peut plus dormir du tout... elle tient sa nièce réveillée... Elles demeurent en pavillon de bois... « Bai addrabé befroid dehors ! » Elle a plus de dents forcément... « bai bebans bfais bfroid aubsi !... » C'est la tremblote qu'arrête plus... C'est comme ça à quatre-vingts ans... Une fois qu'on en est saisi... Ça vous prend, ça vous lâche plus... « Ça suinte chez nous en glace des murs... faudrait mieux qu'elle meure que de souffrir comme ça... » elle m'explique la nièce les choses... elle est butée, toute réfléchie, elle demande la paix ou du charbon... que ça finisse mes bons conseils si je peux pas la réchauffer... elle en veut pas de mes cachets, de mes frictions non plus... à l'alcool... pourtant proposées bien aimable... Elle en veut

plus de la gentillesse, elle veut du charbon et du pain...
« Tontine elle est pas malade, elle a faim, elle a froid c'est tout... elle arrêtera pas de trembler tant qu'elle aura pas de charbon... » C'est du charbon noir qu'elle veut... du charbon qui brûle dans les poêles... et puis un peu de lait et de sucre... Je veux pas l'avoir sur la conscience... je me fends encore de vingt-cinq kilos... C'est pas du tout dans le règlement... Je fais des entorses à qui mieux mieux...

Je suis hanté par le téléphone...

Encore des mères et puis des filles et puis des pères et des cousins... des désolés, des sûrs d'eux-mêmes... des qui boitent... qui toussent... qui la sautent... qui supportent ça plus mal que bien... Ah ! je prends tout, j'ai le sourire, de l'avenance... des habiletés... j'ai le pardessus aussi... on expire de froid dans le local... le à zéro passe comme il veut... il fait le tour de nos cloisons... Tout sournois à vent coulis...

Allons ! C'est fini tant bien que mal... la nuit tombe, estompe à présent les gens et les choses... ils sont partis souffrir ailleurs... chez eux... J'ai pas pu en dériver plus d'un... deux... sur l'hôpital... Enfin grêle le téléphone... je tressaute ! je bondis !... C'est la catastrophe !... C'est rien !... les noms seulement des défunts... ceux de ma tournée de chaque soir... s'ils ont vraiment le droit de laisser ça... de nous quitter pour de bon... de nous fausser compagnie... « mort » c'est vite dit !... Je vais voir ça... si ils sont sages... bien sages, impeccables... je délivrerai leur billet... le billet pour s'enterrer... Je délivre celui-là aussi... Rien ne m'échappe. Je suis Dieu assermenté... Ça peut demeurer loin un mort !... Tous aux confins de la commune... tout en bas presque à la plaine... on a beau connaître... c'est vache souvent à se retrouver... surtout à présent sans lumière... rue des Bouleaux-Verts... ça va !...

une petite montée... la passerelle... rue des Michaux...
tourne à gauche... puis un sentier... Là ça devient que des
zigs zags... on se fourvoyerait facilement... « Venelle des
Trois-Sœurs »... c'est plus loin encore... « Impasse du
Trou-de-Sable »... Plus loin, tout là-bas, au fond, c'est
Villemomble... Le vent a repris, il est dur... il brasse la
plaine, il ronfle, il bouscule... je quitte plus mon sentier...
attention !... C'est pas encore là... plus bas... ça dérape...
c'est tout verglas... champs inondés... on se fracturerait la
colonne que personne vous entendrait... C'est vraiment un
bout du monde... ah ! maintenant je me rapproche...

« Ruelle des Bergères »... Oh ! ce froid... ça vous arrive
en pleine trompette... ça souffle du tonnerre de Dieu !... La
neige vous ferme les carreaux... la guerre c'est vraiment
infect, c'est une époque de damnation... la preuve que la
nature se dérange, qu'elle fait crever l'homme en frimas...

Je suis sûr que ça doit être ici... je gueule dans le noir...
je me fais connaître... Ah ! on répond !... C'est la voisine...
c'est d'à côté que l'on ouvre... la voici !...

— Mais elle est pas là docteur...
— Elle est pas là ?... Mais je viens pour un décès...
— Un décès ?... Elle est pas revenue !...
— Pas revenue ?...
— Elle est pas morte... elle est pas partie...
— Pourtant on nous a prévenus...
— Ah ! C'est une erreur... c'est pas nous... On est ses
voisins... On la voyait tous les jours... Elle part comme ça
de temps en temps... elle dit qu'elle s'ennuie...
— Alors qui donc a prévenu ?
— Oh ! ça j'en sais rien !...
— Elle est partie depuis combien de temps ?
— Ça va pas faire une dizaine de jours... Souvent elle
part que pour un soir... c'est pas souvent pour si

longtemps... c'est une personne originale... Y a pas de froid qui tienne !... vent ni brume !... elle part et puis voilà tout ! C'est la musique qui l'entraîne... qu'elle raconte !... Nous on entend rien... elle vient nous trouver, elle chantonne... on sait tout de suite ce qu'elle va nous dire... « Mes enfants je pars ! » Ta !... ta !... ta !... la voilà partie !...
— À son âge ?...
— C'est une belle santé !... elle va se promener qu'elle annonce... elle nous avertit toujours... la voilà en route !... 86 ans !... comme ça toute seule... sans chien, ni chat... avec sa canne, sa mantille, et puis son falot !
— Par ce froid ?
— Pas de froid, ni de gel, ni de diable qui vaille ! son air lui chante et c'est fini ! Elle dit au revoir bien gentiment... et puis à son âge elle se dépêche... on la voit traverser là-bas toute l'étendue... et puis au fin fond de la plaine... elle disparaît... sa petite lumière qu'on dirait souffle !... Elle a beaucoup voyagé d'après ce qu'elle raconte... Elle a été paraît... en Chine... en Indochine... encore plus loin... qu'elle a raconté... Elle voulait plus rester chez elle... Soi-disant qu'elle respirait plus... que ça la faisait mourir à force... Surtout depuis la guerre... avec tous les volets fermés... Elle voulait revoir ses amis... qu'étaient là-bas soi-disant... là-bas ?... on a jamais su !... pour ça elle traversait la plaine tous les soirs vers les minuit... elle entendait la musique... d'après son idée... que c'était « gai là-bas chez eux ! »... qu'on « s'amusait bien »... Elle vivait seule dans sa maison... Mais elle était pas malheureuse... la Sœur venait souvent la voir... elle manquait de rien... Elle attrapait sa lanterne et hop ! qu'il aurait plu à seaux ! en avant ! en route !...
— À son âge c'est extraordinaire...
— Fallait pas la suivre... Elle s'en allait vers Gennevilliers... Elle rentrait sur les trois, quatre heures... au petit jour quelque fois... elle était toujours bien aimable... mais elle suivait son idée... C'était l'amusement

sa marotte... « Ils s'amusent là-bas vous savez... ils s'ennuient pas une minute ! »... soi-disant de ses amis... C'était ça son idée fixe... C'était une gaie pour ainsi dire... Toujours elle parlait de ses amis... Mais nous on les a jamais vus... sans doute ils existaient pas... Un jour elle a prévenu la sœur... « Ma sœur, un jour ils me ramèneront... et ça sera pas moi cette personne... Ça en sera une autre... » Une lubie vous pensez bien ! Elle l'a dit aussi au laitier... nous on a pas fait attention, n'est-ce pas les personnes de cet âge !... elles sont un peu comme les enfants... Enfin toujours elle est pas là... mais moi je crois pas que ce soit grave... C'est une originale c'est tout !... Elle était bien connue allez ! jamais on y aurait fait du mal... elle en raconterait des histoires !... bavarde alors !... et puis tout d'un coup elle se taisait... la voilà partie... enfin n'est-ce pas ?... elle est pas là !... si c'était un accident qu'ils l'aient trouvée sur la route, ça se saurait de l'hôpital !... Si les Allemands l'avaient vue avec sa lanterne... ils l'auraient ramenée chez elle... C'est déjà arrivé une fois... Non, je vous dis, c'est de la fantaisie !... On la connaît bien !... du moment que sa musique lui passe, elle file on dirait une jeunesse !... personne pourrait la retenir... Oh ! elle reviendra je suis tranquille...

— Eh bien je repasserai de temps en temps...

— Tout de même dites donc, mon pauvre docteur, ça vous a dérangé pour rien !...

— Oh ! c'est pas une catastrophe... il est pas trop tard heureusement !... J'ai encore deux, trois visites...

On s'est dit au revoir...

J'y suis allé directement, constat « de coups, de blessures » et puis des morts... vraiment des morts, des morts tout à fait comme tout le monde, des choses qui ne font pas un pli.

Le lendemain j'ai rencontré Divetot mais je lui ai pas raconté tout... C'est de là que ça vient les catastrophes ! du manque de délicatesse... Vous entendez comme ça des ondes... des avis qui passent... des symphonies... vous vous dites c'est dans l'atmosphère... et puis ça y est !... et puis je m'en fous ! TOO ! too ! TO ! TO ! to ! ta... ta... a... a !... ça va ! vous verrez bien !... La !... fa !... sol !... la !... si !... do... la... Do !... très bien... très bien... je demande pas mieux... J'ai dit ça aussi autrefois... Parfait ! Message ?... je l'emmerde !... Parfait ! Libre à tous ! moi aussi je suis gai d'atmosphère et drôlement en train on peut le dire !... tous ceux qui me connaissent !... N'empêche que n'est-ce pas comme ça : Taa !... too ! o ! o ! o ! oo !... l'appel des Cygnes c'est une chose qui vous saisit ! qui bouleverse le cœur ! pour le peu qu'on aye !... Ah ! moi je l'entends... ça me retourne !... Y en a plein la plaine !... les abords !... et puis alors au ciel ! pardon !... de ces nuages/images ! des géants d'orages qu'arrivent pavanant !... Monstres de rien !... pris à mille feux... et mirages... de joies envolées !... mouettes à muser virevolent... d'aile vive effleurent nos soucis... prestes à flèche... dessus... dessous l'arche enrubannent passants moroses... leur bouderie... leur queuleuleu, quinteux pèlerins d'un bord à l'autre.

À la berge la péniche malmène, chasse aux remous, rafle, drosse, amarre... Oh ! ça finira pas comme ça !... C'est pas moi qui vendrai la mèche !... Mais je connais des malfamants, des quidams en perversité, des gens qu'ont les esprits torves, des ambitieux tout hermétiques, inouïs de reluisances diaboliques qui sont en véritables pactes avec les puissances d'outre-là !... Ah ! Pour ces possédés rien ne compte !... ni de cœur, ni de délicatesse ! tout à l'abîme des mauvaises Foi... Ah ! des terribles aux damnations !... Voilà ! je n'en dira pas plus ! Tel blême pendu de son vivant se resuicide à peine au sol pour dérouter les succubes !...

Ah ! que voici de vilaines morts !... L'infamant mystère ! Trépas de rats calamiteux !... Je n'en dirai pas davantage !... Nul d'entre eux, de ces ladres à croûtes, ne se dissiperait gentiment... à vogue et musique enchanteresses... telle cette personne ma cliente... que je recherche un peu partout... voguerait ainsi vers les nuages au souffle et torrents d'Harmonies !... Nenni !... Disgrâce à ces malfrats retors ! tout empaquetés de sottises ! boudinés, tout farcis de fiel, si infects en noirceurs, si tristes, si rances, qu'ils en crèvent tout vifs et d'eux-mêmes !... qu'ils s'en dégueulent pour ainsi dire, semblables monstres ! l'âme et le corps et tout de trop ! que c'est leur viande qui n'en veut plus, qui les rebute, les tarabuste, leur recommande que ça finisse, qu'elle aime mieux retourner aux limons ! qu'elle se trouve bien trop malheureuse ! que c'est trop de les avoir connus !

Voilà comment se déroulent les drames d'outre-là... remontent des ténèbres les suicidés, les gestes très affreux, les viols, les contrefaçons, les félonies scorpionimiques des personnes vouées lucifèrement ! Ah ! C'est le sort ! Il est jeté ! Malheur au sort ! personnes qui ne veulent que le maudit qui les souffle, les gratine, les larde partout, au gril des angoisseux déduits, à Loque-sur-Erèbe ! Tickets de supplices ?... Par ici !

Et c'est pas fini ! ça rôde ! là pardon ! j'en suis certain !... c'est pas près d'être évaporé des philtreries si maléfiques ! aussi venines, corrodatrices ! à cyanhydre essence foudroyonne ! belzébutiennes !... L'on me conçoit !...

Je m'entends !... Ah ! c'est pas fini les suicides !... J'en vois encore plein les zéniths !... des prodigieux, des minuscules... des tout de puces, des continents !... Ah ! c'est ainsi que ça s'emporte les Génies fulgurants des songes ! orgueil à part ! Lorsque la Kabbale brûle ses ambres... buboneux crapauds gobent l'encens ! du coup toutes les marmites culbutent ! Et c'est la fin du rizotto !... faut savoir où expirent les brises... où vont mourir bergeronnettes... oisillons... où batifole ma cliente ? sur quelque grand air d'Opéra ?... ah... et puis bien refermer sa gueule ! C'est le moment des Univers... l'appel ! l'exhorte en fa mineur !... qui n'insiste pas !... c'est à vous !... c'est à vous la ferveur des ondes !... si vous avez l'âme haricot ça va pas arranger les choses... l'âme est partie !... il faut savoir filer l'arpège... l'essaim des dièses... la trille au vol... Le cœur s'arrête !... Eh bien tant mieux ! L'alouette en flèche pique et son cri ! Joye et matin ! La politesse est accomplie !... Madame ! Grande révérence !... do !... si !... la ! si !... Soupir ! C'est fait ! la chose est faite ! La vie partie !...

Diaphanes émules portons ailleurs nos entrechats !... en séjours d'aériennes grâces où s'achèvent nos mélodies... aux fontaines du grand mirage !... Ah ! Sans être ! Diaphanes de danse ! Désincarnés rigododants ! tout allégresse heureux de mort ! gentils godelureaux ! À nous toutes fées et le souffle !... Élançons-nous ! Aux cendres le calendrier ! Plus rien ne pèse ! plumes d'envol ! Au diable lourds cadrans et lunes ! plumes de nous ! tout poids dissous ! âmes au vol ! âmes aux joies !... au ciel éparses à bouquets... fleurettes partout luisantes, pimpantes scintillent ! Volée d'étoiles !... tout alentour tintent clochettes !... c'est le ballet !... et tout s'enlace et tout dépasse, pirouette, farandole à ravir !... ritournelles argentines... musique de fées !

Mais que voici venir si preste ?... déboulé mutin !... Oh ! la capricieuse fredaine ! Ta ! ta ! tin ! tin ! diguediguedon ! Tout acidulée grappillette... frémis de notes !... cascadette ! friponne magie !... Ô mignon trio de déesses ! À cabrioles tout autour ! Houspillés sommes divinement ! Trois sylves à magie guillerette ! do ! do ! do ! fa mi ré do si ! Coquines-

ci, mutines-là ! Effrontées ! Trilles ! Quelles enlevades ! et si joliment chiffonnées ! Taquines ! Quel essor ! Charges de joies ensorcelantes !... Ô l'exquise impertinence ! Environnés à tourbillons ! Fraîches à défaillir de roses et de lumière ! Elles nous pressent, nous boutent ! nous assaillent ! De grâce ! à mille effronteries ! pointes et saccades de chat ! se jouent de nous ! Ta ! ta ! ta !... Magie de sourire nous achève... Nous sommes pris !...
N'échapperont ! notre défaite s'accomplit !... chargés de joies ensorcelantes ! à dérobades ! prestes retours ! mieux vaut nous rendre !... nous fûmes défaits aux lieux des Cygnes... où mélodie nous a conduits... appel en fa ! tout s'évapore !... deux trilles encore !... une arabesque !... une échappée ! Dieu les voici !... fa... mi... ré... do... si !... Mutines du ciel nous enchantent ! damnés pour damnés tant pis !

Que tout se dissipe ! ensorcelle ! virevole ! à nuées guillerettes ! Enchanteresses ! ne sommes plus... écho menu dansant d'espace ! fa ! mi ! ré ! do ! si !... plus frêle encore et nous enlace... et nous déporte en tout ceci !... à grand vent rugit et qui passe !...

⊘mnia Veritas

Omnia Veritas Ltd présente :

Les Pamphlets de Louis-Ferdinand Céline

« ... que les temps sont venus, que le Diable nous appréhende, que le Destin s'accomplit. »

LF Céline

Un indispensable devoir de mémoire

⊘mnia Veritas

Omnia Veritas Ltd présente :

Bagatelles pour un massacre
de Louis-Ferdinand Céline

LF Céline

« Mais t'es antisémite ma vache ! C'est vilain ! C'est un préjugé ! »

« J'ai rien de spécial contre les Juifs en tant que juifs... »

⊘mnia Veritas

Omnia Veritas Ltd présente :

L'École des Cadavres
de Louis-Ferdinand Céline

LF Céline

Le Juif peut voir venir !... Il tient toute la caisse, toute l'industrie...

Et cinquante millions de cadavres aryens en perspective...

LOUIS-FERDINAND CÉLINE

OMNIA VERITAS
www.omnia-veritas.com

www.ingramcontent.com/pod-product-compliance
Lightning Source LLC
Chambersburg PA
CBHW072133160426
43197CB00012B/2093